The Bone Room

存骨房

／李衍蒨 著

目次

目次

目次

專業推薦

李衍蒨是華人社會中推動「法醫人類學」大眾化第一人。「存骨房」系列專欄透過網路的傳播，成為華人社會認識法醫人類學這個在歐美重要的人類學分科。本書集結其專欄精彩文章，不僅用生動的文筆帶領讀者穿越到各個懸疑現場，也用學術底蘊為讀者打開法醫人類學的大門。

——【百工裡的人類學家】創辦人、匹茲堡大學文化人類學博士、國立中山大學人文暨科技跨域學士學位學程助理教授　宋世祥

法醫科學是一門團隊的合作，所以法醫人類學亦是重要的一環，作者利用模特兒死亡，鐵達尼號相對的例子導出死後變化的過程，如細菌綠色死後變化使皮膚變綠，介紹出硫化血紅素的知識及死後之變化的七個過程，利用通俗例子介紹法醫知識是《存骨房》一書最值得讚賞的地方，也是一本深入淺出，將法醫知識通俗化水準之上的著作，值得推薦給一般讀者。

——臺大法醫學研究所教授　孫家棟

作者以自身豐富的法醫工作者背景，透過歷史與現代著名案件，深入淺出介紹各種法醫人類學知識，包括骨骸與DNA鑑定、屍體分解進程、重金屬中毒、身分比對、衣物風格分析等，讓不同領域的讀者均能快速進入法醫人類學專業領域，實為一法醫學的科普代表作。

——臺灣警察專科學校 科技偵查科副教授　曾春僑

講死、講屍體，仍被很多人視為禁忌；正面地凝視著兩者更需要極大勇氣，現在是時候從李衍蒨小姐的這本書去了解多一點，令我們不再懼怕。正如居禮夫人所說：「生命中沒有任何需要懼怕的事，只有需要了解的事。」

——《立場新聞》科學版編輯　趙偉倫

透過眾多引人入勝的案例，《存骨房》以兼具懸疑性與知識性的寫作，告訴讀者「法醫人類學」到底是什麼，可以做到什麼，以及為什麼我們要這麼做——誠如作者所言，真相雖然不能讓死者復生，但卻能讓生者知道事件如何發生。也唯有如此，才有避免事件繼續發生的可能。

——《疑案辦》團隊

前言：骸骨跨越時空的旅程

只要醫學的藝術被人愛戴，我們就會看到人性的愛。

Whenever the art of medicine is loved, there is also a love of humanity.

——希波克拉底 Hippocrates

長久以來，人類都和死神打著永無完結的戰役。隨著歷史的洪流，它賦予我們一樣很厲害的武器：醫學。我們從自然界中尋找治療方法，到將醫學視為暗黑魔法，一步一步從錯誤中走過來，從魔法走到科學，從迷信走到理智，成為了人類最有力的工具之一。亦因為醫學，我們知道了對抗死亡是人類演化、進化的最大原動力。

骨頭，是一樣很神奇的東西。它的適應能力很好，恢復能力也很高，彈性也不錯。這種物質一直在我們的體內存在著，支撐著我們身體的各個部位，使我們能行走、坐立及進行各式各樣的活動。從進化史看來，骨頭已經超過了數以百萬年計的歷史。骨頭在我們身體內生長，隨著人的年紀增長而有所變化，記錄著我們一生的故事及所有經歷。我經常說，骨骸是人們體內的一份生平記錄，可以說是我們為自己所編寫的傳記。

而在法醫人類學中，我們有一個「法醫人類學遊樂場」可以讓我們燃燒很多腦細胞及消耗很多精神：「存骨房」(The Bone Room)。存骨房為儲藏捐贈遺體骨骸的地方。每一副骨頭都被存放於其專屬的箱子中。很多時候，這些存骨房中會有上百、上千個箱子。如果每個箱子都象徵著一個人的話，就等於存骨房裡面有上百、上千個人住在裡面了！他們的來歷可能是無人認領的屍體，可能是親人不想領回的屍體，或是捐贈給該單位去做研究的屍體。因為有他們的無私奉獻，我們這些研究人員才能有機會去了解他們的生活及聆聽他們的故事。對別人來說，可能他們不值一提，或是覺得是沒有任何特別的人體遺骸，但對我們來說，他們肯定是飽寶。

記得曾經處理過的一個案子，因為性取向原因，死者的家人不想領回先人的骸骨，並且不想跟他有任何關係。我當下的無力感到今天依然記憶猶新，但同時也被同僚的一句話暖在心頭：「至少，我們喜歡他！至少，這邊(存骨房)裡面他有同伴啊！」

骨骸的意義穿越了時空與生死的界線。宗教告訴我們，死亡不是重點。肉體是脆弱、是軟弱的，但靈魂會留下及存在。在人體的解剖學中，骨骸有著濃厚的科學意義，同時亦有著不同文化的相關意思。兩者都敘述著不同的、與生命及死亡有關的故事。任何哲學都可能會接受「死亡」的本質，即使未知大於已知的領域。但我們人類沒有因此而放棄。現在的我們都站在巨人的肩膀上，利用著以前的智者、醫生及傷患者所經歷過的去面對未知的未來。

這本書就如真的「存骨房」一樣，存放了不少有關骸骨的故事與生前的經歷。每一個故事，未必是最圓滿、最愉快收尾，卻都讓我們從宗教、文化、社會、歷史、科學及哲學接觸不同世代及不同人性的面貌。希望讀者可以透過骨骸這有趣的時光機，從現今世代連結到過去，從而展望將來。

如果你已經準備好，從死亡思考未來，誠摯地邀請你，與我一起透過骸骨踏上穿越時空之旅吧！

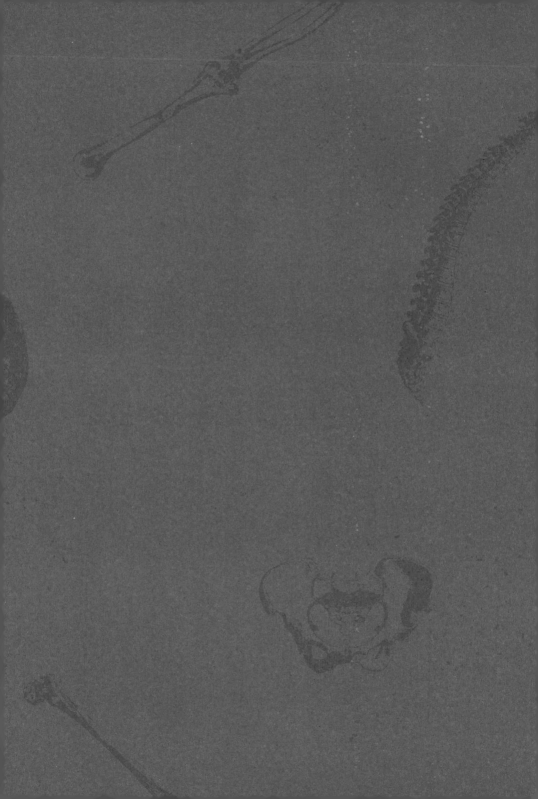

The Bone Room

Chapter 1

/沙漠禿鷹

這天破曉時分，在美國聖地牙哥與墨西哥邊境的城市有二十多名西班牙裔的男女聚集。他們正在為稍後的任務做準備，打算在太陽完全升起之前出發前往墨西哥。

今天他們只有一個任務：尋找失蹤的人。

這群人來自一個名為「沙漠禿鷹」(原文：Aguilas del Desierto，英譯：Eagles of the Desert) 的志願組織。他們成立的目的是為了失去方向、無助的家屬們，尋找那些企圖跨境到美國的拉丁美洲人民的下落。禿鷹在沙漠這樣的環境中視覺特別敏銳，有利牠們尋找獵物覓食。這些「禿鷹」也一樣，只是他們的目光都是用來尋找命喪於沙漠的人士。而今天他們就是因為接到分別來自兩個家庭的求助，而這兩名失蹤人口都是跟隨著同一個人口走私犯 (smuggler)，大約於十個月前失去消息。

滾滾黃沙中的白骨

在沙漠上找到或是注意到骨頭不是一件很難的事。因為長期接觸陽光照射的關係，骸骨都會被漂白，與周邊的棕色泥土相比之下非常顯目。而就在這一天，他們這群為家屬而努力的「禿鷹」志工找到了很多人骨部份：肋骨、肩胛骨、鎖骨、數塊脊椎骨塊及下顎骨。在這些骨塊旁邊有一條深色色系的褲子，一雙愛迪達男士九號的球鞋及一個黃色的錢包。裡面有一張身分證的拷貝寫著：Filadelfo Martinez Gomez及其出生日期一九九二年八月八日。由於暫時沒有辦法證實這些骨頭與證件有任何關係，「禿鷹」們就直接為收集到的骨頭標上了一個編號。從此這些骨頭的身份就是「170422145」，直到能確認到身份。

志工們在樹下找到這些骸骨及隨身物品。他們相信Gomez與其他大部分的跨境人士一樣死於脫水（dehydration）。在這個可以說是美國的「秘密墓地」，這種死亡方法是很常見的。二〇〇〇年以前，大約只有數名企圖非法入境人士的屍體於亞利桑那州南部找到。不過，於二〇〇一年上升到七十九名。原因是因為美國的加州及德州邊境加強巡邏，令企圖非法跨境的人只好選擇三條路線裡最危險的一條：亞利桑那州。到二〇一〇年，共有兩百二十四具屍體被找到。雖然，二〇一六年只紀錄到一百六十九具屍體，不過並不全代表要非法入境的人減少，而是有更多人選擇了走更危險的路，亦有很多是於跨境時死去而一直沒有被找到，甚至以後都不會被尋回。話雖如此，真的比較少人選擇西南邊路線，但同樣地這條路線的死亡率每年都在增加。在二〇一七年，一共有四百一十二名企圖非法跨境人士死於西南邊境，比前一年的三百九十八人又更多了。由於邊境巡邏隊伍加強了防護邊境的措施，使更多企圖跨境的人士不得已選擇更為險峻、更偏僻的路線，因此不少相關搜索隊伍及法醫科等專業人士都相信未來的死亡數字依然會繼續攀升。

到底有多辛苦？到底有多危險？一般來說，亞利桑那州的那條路線約需要七至十天，就能從墨西哥走到美國邊境，由於邊境欄杆的作用是防止車輛直接駛過，因此欄杆相對地較矮，比較好翻越。難度是在天氣！在一個四周都是沙漠狀態、烈日當空的情況下，甚至每天都可達四十℃高溫的天氣裡行走及爬山，並不是易事。一個成年人要走完這近一百二十九公里路程大約要十天，而每天需要約近四公升甚至更多的水（接近七公升半）。假設，只需要七天就走完，共要約五十三至五十七公升的水。每一公升約等於一公斤重，亦即七天共需要五十七公斤重的水，按常理都知道根本沒有可能帶著五十七公斤的水去跨境吧！這也是其中一個為何這麼多入境者中途死亡的原因。他們命喪在這個美國「秘密墓地」後沒有辦法通知家屬，亦令家屬無法前往見他們最後一面，因為根本就不知道到底他們是在哪裡離世的。

法醫人類學家登場

「禿鷹」們一般在沙漠環境找到的屍骨，在交到停屍間後都會按照屍體的情況分配給「法醫」(forensic pathologist) 或是「法醫人類學家」(forensic anthropologist)。「法醫人類學」（forensic anthropology）為一項「應用人類學」（applied anthropology）。在學術定義上，法醫人類學為「體質人類學」(biological／physical anthropology）的延伸。

人，經歷了千萬年的進化，被視為精於適應環境的動物。體質人類學家深信人的身體會因為環境因素或壓力而作出一些調整，在法醫人類學領域中，法醫人類學家會應用體質人類學、考古學、文化人類學及其他科學知識到法律層面上。英文的法醫人類學「forensic anthropology」中的「forensic」中文可以翻譯為法證或是法醫科，就視是處理有關屍體、醫科的材料還是一般證物辨識等。而「forensic」這個字根來自拉丁文的「forum」（或是變化後的「forensis」）有著法庭、法院的意思。換句話說，任何與「forensic」有關的科學，都是以呈現證物、證供到法庭、法院為目標。也就是說，背後的對與錯及有罪無罪都一定不是重點。能夠有效呈現最接近事實真相的線索及蛛絲馬跡才是王道。

法醫人類學其實到現在都依然算是一個比較年輕的科學範疇。最早有法醫人類學記載的是來自南宋時期「宋慈」的《洗冤集錄》（即約公元十三世紀左右）。這名中國法醫科學即鑑定科學之父，在這本著作內詳細記錄了如何查案，提供詳細驗屍程序及推斷死因的方法。令人驚訝的是，他那個時代的觀察力實在驚人！當中有部份的描述及步驟到今天為止，都依然有效。由於當時的辦案人員不是全職的，而驗屍的仵作及接生婆 (midwives) 亦不被當時的官府所相信。因此辦案人員必須要在驗屍及解剖時，知道如何分辨意外及蓄意造成的死亡，和如何分辨死時及死後創傷。

另外，宋慈亦有詳細記錄如何從屍體分辨男女、及死亡時間 (Postmortem interval，PMI）如下：

一、分辨男女

男人共有三百六十五塊骨頭，與每年有三百六十五日對應。男人的骨頭較白，而女性的則較黑（這是由於女人在生小孩時流血，把骨頭染色了）。

頭顱：男性的共有八塊骨頭，從頭部到兩邊的耳朵，加上後腦的部分。腦後面有一橫縫（suture），而另外有一條直縫，是順著頭髮髮根直到頭顱末端。而女人只有六塊頭顱骨，一樣有橫的縫，卻沒有直的。

盆骨的形狀就如豬的腎臟一樣，而縮進去的地方為與脊椎骨的結合點。每邊都均有一個尖尖的枝狀體突出，猶如皇宮屋頂的裝飾。它共有九個洞（宋慈在此處描述的其實是盆骨旁邊的骶骨）。

二、屍體腐化

屍體腐化會隨著四季有所改變。春天的那三個月，當屍體已經放了兩到三天，口腔裡的軟組織、鼻、肚、胸骨及胸口都會開始失去血色。而十天後，就會有汁液從鼻及耳朵流出。夏天的時候，屍體放置兩天就會看到軟組織開始變色。由臉、肚、肋骨及胸口開始。三日後，就會看到屍體變灰並會有汁液流出，屍蟲出現。整個屍體鼓脹起來。皮膚開始有變化並有脫皮現象，水泡亦會出現。只需要四至五日就會看到頭髮脫落。

在秋天，屍體兩三天後會呈現如春天屍體的現象。軟組織特別是臉上、肚、肋骨及胸口開始變色。四至五日後汁液從口及鼻流出，整個屍體會腫脹起來，水泡出現。六至七日後，頭髮開始脫落。冬天的時候，四至五日後屍體會開始變成黃紫色。半個月後，才會出現像春天屍體的徵象。如果屍體埋藏的地點是濕的話，屍體亦在埋葬時以墊子包裹著才埋下的話，這個腐化過程會更慢。

在特別熱的日子，屍體腐化會在死後一天立刻開始。屍體會開始失去血色，變灰甚至黑色，同時開始有惡臭傳出。三到四天後，皮膚及軟組織都腐爛，屍體腫脹，屍蟲從鼻及口部出現，頭髮亦開始脫落。而在寒冷季節，五日的腐化程度才等於夏天一天的程度，而半個月就約莫等於三到四天熱天的腐化程度。加上南北的氣候不一樣，山上的氣溫（寒冷及溫暖程度）相對穩定。因此在這些情況下，必須要仔細考量所有屍體上的變化過後才能下定論。

當然，一般屍體的腐化程序受不同環境因素影響。與現今技術比較之下，雖然上列宋慈所寫的未必與今天的法醫科完全吻合，但你不得不驚訝他們那個年代對法醫學的執著，觀察度之高及細心的程度。他們已經會分析各種天氣、氣候對屍體造成的改變，特別是「昆蟲活動」(insect activities) 的情況。

同樣，西方在一九四〇年代前，法醫人類學這一專業只限制給「解剖學家」(anatomists)、「手術科醫生」(physicians) 及一些在博物館及大學任教的體質人類學家。在這段時期，相關的研究很少，而且應用到案件中的機會亦很低。直到十九世紀末的一名哈佛大學教授 Thomas Dwight 曾多次發表有關法醫人類學推斷性別及年齡的研究，因而被冠上「美國法醫人類學之父」之名。隨後，不同的研究及學者陸續出現。到今天，自二〇〇八年出現了「Scientific Working Group for Forensic Anthropology」（直譯：法醫人類學的科學工作組織，或簡稱 SWGANTH），為這個專業訂下不同的準則及指引，令這個科學研究在現今臻至成熟的同時，都不會與社會的現實情況脫節。

法醫人類學家的使命——為無言的逝者發聲

法醫人類學家在收到骨骸後，就會以爲骨骸尋找正確身份 (positive identification) 或辨認為其重要任務。此與一般的法醫，或稱為「法醫科醫師」

(forensic pathologist) 不同，他們主要以尋找死因 (cause of death) 為主。而法醫人類學家從骨頭上有時也可觀察到死亡方式 (manner of death) 及死因，但這兩者都不是最主要工作。另外一個工作大項目當然是：法醫科醫師他們處理帶有軟組織的屍體，而不太會接觸進階腐化甚至已經骨頭化的屍體，而法醫人類學家則相反，多接觸進階腐化及骨頭化（甚至木乃伊化！）的屍體。於沙漠中尋找到的「170422145」就是一個好例子。

在接收到「170422145」後，法醫人類學家會從骨骸找到有關死者俗稱「Big 4」的資料——性別、年齡、家族史 (ancestry)、身高，再加上一些生前的活動痕跡：生前創傷 (antemortem trauma)、慢性疾病、生前活動痕跡 (activity markers)，就可以爲骨骸的主人設立一個檔案，有望尋找骨骸主人的家人。因此，亦有說法形容法醫人類學是一門「之前——之後」(before-after) 的專業：「之前」意即死者生前所做過甚至經歷過的都會影響骨骸，「之後」即死後能從骨骸上看到什麼。除此之外，法醫人類學家更擅長於尋找及搜查找回 (search and recovery) 人體骨骸，並會分析任何能協助身份辨認的特徵及線索。

傳統上，法醫人類學家只會在找到接近或完全骨頭化 (Skeletonized) 的屍體，又或者在一些特別情況下，例如不允許解剖時，被傳召提供「Big 4」的推斷。而今天，法醫人類學的應用亦不僅僅停留於此，應用範圍隨著需求而改變，包括：創傷分析、死後葬儀學分析、推斷死後時間，應用到災難性事件、為國際法檢控提供證據，甚至用到調查在世的人身上！因此，現今的法醫人類學家不能只單學習關於法醫人類學的專業知識，更要明白人類過往文化及多樣性的歷史，於不同地域遊走，了解各種可能會間接對骨頭造成演變、生物、文化上等影響的因素。法醫人類學家只有在了解這些層面後，才能準確解讀所有找到的線索。**藉著於骨頭上留下的痕跡，進而了解及聆聽骨頭的故事，而法醫人類學家的職責就是要為無言的逝者代言，把他們的故事公諸於世**。

當發生災難或大型事故時，有關的法醫工作都是由多個法醫學專家組成的「多元法醫團隊」，配合有關單位做人道救援工作。當中團隊涉及法醫病理科醫師(forensic pathologists)、法醫人類學人家 (forensic anthropologists)、齒科法醫 (forensic odontologists)，及生物學家 (biologists) 等去提供準確的科學鑑定，從而協助身分鑑定。同一時間，警察亦會作指紋辨識及文件鑑定（如護照等）的工作。法醫人類學家的工作範疇亦包括於人道調查及救援工作，如國際法庭上有關戰犯的裁決。法醫人類學家有時候會需要至亂葬崗起墳，去研究這些死者的死因，是否有被虐待等。這些都不是法醫的研究範圍，所以我們法醫人類學家有存在的必要性！

法醫人類學家注重人骨學上的培訓，而加上人類學背景，令他們可以全面地對眼前的情況作出批判性思考。法醫人類學所運用的考究方式，皆有賴以前的諸位人類學家利用前人的骨頭研究所得出來的結果。由於，每個族群的生活、飲食及環境因素都有所不同，因此此類型的研究必須要在多個族群中施行，在部份西方國家，法醫人類學家都是法醫科醫生的秘密武器。有些情況在解剖後也無法找到死因，就會把屍體交到法醫人類學家手上，務求可以嘗試找到任何線索。因此，法醫人類學家，雖然跟法醫科專科醫生的工作有相同亦有相異，但我們絕對是緊密合作，互相尊重，沒有看輕對方之嫌。在我認識的法醫人類學家當中，幾乎每一位都曾經觀察過不同的屍體解剖，甚至曾於殮房工作過。我們都會去了解法醫科專科醫生的工作方法、程序及步驟。

法醫人類學家及法醫科醫師，連同齒科法醫都會被傳召到法庭上作為專家證人。除了這些基本工作之外，法醫人類學家與其他法醫科專業人士最不一樣的是，如有需要，我們要協助戰爭罪案（war crimes）及大型傷亡事件(mass fatality)的調查工作。法醫人類學是一項人道主義色彩很重的專業。這也說明一點，法醫人類學的能力其實非常有限，我們未必能從社會層面改變什麼，甚至沒有太大能耐去推動政策性的改變。不過，**我們關注「人」，無論是在世的人還是已經離世的人；無論是無辜的平民還是有罪的戰爭罪犯；無論是否為被社會推到邊緣的人，我們關注的是每個來到這個世界生活的人，有沒有受到有尊嚴的對待。**

可惜的是，不是所有的屍體都能有著這個圓滿結局。回到文初的故事，就在「禿鷹」們是次行動之前數月，志工們在沙漠的四堆人類骸骨附近找到了一部手機。他們把手機撿起並拿回去充電後嘗試檢查電話的內容。幸運地，手機沒有任何密碼或需要任何解鎖裝置，因此志工們很輕易找到了最後通話紀錄的部份。他們發現最後一通通話就是「911」緊急電話，並且長達十一分鐘之久。由於志工們撥到 911 亦從警察處取得通話錄音。在錄音中，志工們清楚聽到跨境者以西班牙語問警察能否為他提供飲用水，並告訴接線生他就快要死了。911 有把電話轉接到邊境巡邏隊伍，而據說他們也有出去尋找這名男子，卻沒有收穫。或許你會覺得他們不以非法途徑進入美國就不會有這樣的事情發生。這些在此暫且不評論，不過絕對值得另外關注。而「1704221145」因為旁邊有身分證等文件能夠有效及加速鑑定身份辨識程序。除了會用骨頭建立檔案，以了解基本有關骸骨主人的資料之外，因為有身分證較容易找到死者的家屬，從而可以用 DNA 去做比對確認骨頭的身份。

雖然家屬們依然在等待DNA檢驗結果，但從骸骨檔案及隨身物品看來是Gomez的機會頗大。家屬們說他們覺得因為現在知道了Gomez的去向，即使是死亡依然覺得有種安慰感。

國際紅十字會（ICRC）發表的一份報告「**The ICRC Report: The Missing and Their Families(直譯：國際紅十字會報告：失蹤者及其家屬)」指出家屬如果不知道其失蹤的家庭成員是生還是死，他們永遠無法開始療傷的過程。他們對失去親人一事依然會驚恐萬分**。報告更指出，傷者的後代的人生也會因為對這事件的憤怒、鄰居及親戚的嘲笑，以及事件的不公平、不公正而感到困擾(Future generation carries with them the resentment caused by the humiliation and injustice suffered by their relatives and neighbours.)。

給家屬一個確實答案代表他們能正式哀悼Gomez及將他埋葬。因為有科學及法醫學的協助，「1704221145」可以得到一個重新拾起身份的機會，而這個身份是死者一直以來都在使用的。**與編號「1704221145」相比之下，能夠尋回一直在用的身份是一份對死者的尊重、對家屬的尊敬，同時亦賦予骨頭應有的人性。法醫人類學家利用專業成為家屬及死者的橋樑。為家屬尋找答案是人權，是義務，亦是公義。**

真相，不能起死回生，但能讓無名逝者的聲音被聽見，即使是跨越了生死界限也絕不罷休。

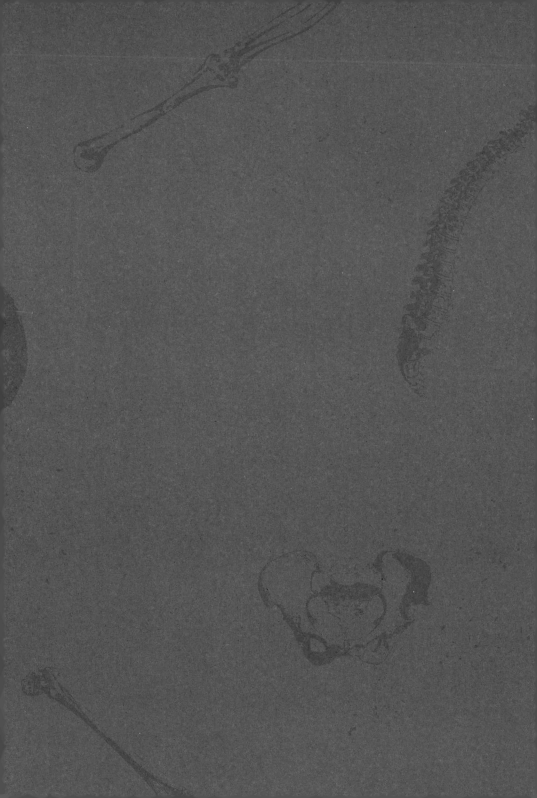

The Bone Room

Chapter 2

/萬人塚守護者

隱藏在每個個體背後的故事，正是我們研究他們的原因。

The human story behind the individuals was the very reason we were studying them.

—— 考古學家 Dr Stephan Schiffels

萬人塚的震撼程度之大是駭人的，看到裡面以十甚至用以百計的骸骨及屍體，令人不寒而慄。但正因如此，我們更要額外保護它，為裡面的受害者奪回公義。

位於伊拉克的第二大城摩蘇爾 (Mosoul)，過去持續被已經瓦解的極端主義組織伊斯蘭國 (Islamic State) 攻打。代表伊拉克的軍隊在戰事途中，已經在摩蘇爾城的南部尋找到共三個萬人塚，其中一個更初步推斷共有一百副已經被砍首的屍體，而另外兩個位於水井裡面並且藏有超過二百五十副屍骨。隨著戰事結束，相信發現萬人塚的數量會不斷增加。光是在二〇一六年做的一個統計，在敘利亞及伊拉克已發現了共七十二個萬人塚出現於伊斯蘭國佔據的時期，而更推斷一共有五千兩百至一萬五千具的屍體。讓人悲傷的是，在世界各地其實都可以找到萬人塚，只要是曾經有戰亂、戰爭的地方都有它的蹤跡。即使是戰事結束後的數十年，在柬埔寨、科索沃共和國 (Republic of Kosovo)、波斯尼亞 (Bosnia) 等地區都會不停地出現相關的新發現。

其中一個要謹慎處理及保存萬人塚的原因，是因為裡面蘊藏著最重要的線索——能夠讓加害者繩之於法的線索。

我很敬仰的已逝世的著名法醫人類學家 Dr. Clyde Snow，他在回憶錄《Witnesses from the Grave: The Stories Bones Tell》（中譯：墳墓裡的見證者：來自骨骸的故事）中，記述了其組成阿根廷的法醫人類學組織 (Argentine Forensic Anthropology Team，簡稱 EAAF) 的編年史。EAAF 現時在世界各地都非常有名，是首屈一指的法醫人類學機構。一九八四年他們只是一群寂寂無名的研究生，以七、八〇年代於阿根廷「被消失」的民眾骨骸作為骨骸鑑定實驗，其中 Dr. Clyde Snow 提到，在有關綁架及謀殺罪的審訊當中，他向庭內展示了一名被害者 Liliana Pererya 的頭顱照片，並表示藉著照片，死者能夠告訴庭上的每個人，她是怎樣被殺死的——後腦位置被人以處決形式開槍奪取了性命。這一切都在她生下小孩後沒多久所發生的，她的骨頭，成為了重要的呈堂證供。犯案人以為在開槍後就不會再聽到及談到有關 Liliana 的事情，誰知道，Dr. Clyde Snow 改變了對方天真的想法。同時間，家屬亦有權利及必須要知道，在自己的至親身上到底發生了什麼事。最重要的是，要為死者尋回他們的身份，讓屍身得以歸還。

可是，至今為止仍沒有任何國際間的專屬法例去保護及監管有關於萬人塚的事情。導致很多時候會因為日久失修等因素，而失去了當中的證據甚至是骨骸。這個狀況其實有著需快速改善的必要！

挖掘分析現場——法醫考古學的重要性及原則

或許，大家對考古學的印象都是來自於電影。或一般人對考古學的印象是挖掘一些歷史悠久的文物。坦白說，這兩者都是較遜色的考古學代表。其實考古學與法證科／法醫科的相似度很高！兩者皆為想理解事件發生的先後次序，甚至是找出導致事件發生的誘因。雖然兩者的結果有點不一樣，但是都是想尋找證據，為自己的案件論證。由於很多鑑定科甚至有關調查人員，從來沒有接觸或甚少接觸這類型的案件，例如去尋找一些隱藏的墓地甚至亂葬崗，最常見的錯誤，就是抱持著越快找到並挖起骨骸／屍骸越好的想法，這樣很容易導致骨骸損毀甚至破壞骨骸周邊的證據！而法醫考古學的出現就是想減低這類可以避免的錯誤。

考古學本為一科學用作研究「物質證據」(material evidence) 去決定「樣型」(patterns) 及「共存關係」(associations)，以了解及明白任何造就這情景背後的事件。已故法醫人類學家 Clyde Snow 寫道：「採取並改良考古學家一直以來使用到相類似情境的做法，能有系統地從墓地及其表面重組及找尋物件。」(" …systematic recovery of the materials methods long employed by archaeologists to solve similar problems.")

法醫考古學訓練法醫考古學家如何去找尋 (locate)、挖掘 (excavate) 及記錄 (record) 人體骨骸，以便在墓地移除屍體之前獲取最多的資訊包括：墓地出現的日期、放置甚至棄置屍體的方法、骨骸與周邊物件的關係及保留下來的物品，如衣物等。因此，把考古學的方法應用到犯罪現場的挖掘上，能夠有效協助調查人員準確及細緻地記錄及重組任何有關證據。這些工序對於之後尋找死者身份、事件發生的過程都有莫大幫助，更甚至可以幫助尋找兇手及犯案者。

當然，考古學與法醫科的最大分別是前者處理的物件及情境都是較古老的，而後者的時間性亦較短。不過，無論時間長短，兩者要處理的情景都是一次性的，即由發現開始，每一次處理都在失去部分證據，每一次到場都是一次改變、污染。因此，考古學當中的一些重要原則全都能用在法醫科上：

一、疊加定理（Superposition）

無論是有機還是無機物質，在犯罪現場都是按照既定次序放置。在法醫考古學角度看來，每次挖掘最先找到的（亦即最頂部、最接近地面的部份）都是最新或最後放置的，而越底層就越舊。

二、共存關係（Association）

於同一個地點出現，或者某些物件的特徵與共存的物件，都帶有共同存在意義及關係。一般在法醫考古學看來，我們都假設於同個墓地（譬如：萬人塚）裡的所有骨骸或遺骸都有關係，可以是來自單一事件。

三、重現 (Recurrence)

當一件事不停重複出現，就不會是偶然！這可以泛指一件於墓地找到的物件、一個經常使用的機器等。這都表明這些不是偶然，而是有動機的行為。簡單一個例子：如果一個對華人殯儀文化不太認識的人，看到了那麼多人去掃墓，甚至墓地前放著菊花，就會猜想菊花一定有些象徵意義，而不是一個巧合。

這三個原則最後都引申至一個法醫考古學及考古學的核心概念：脈絡關係／層位關係 (context)！脈絡關係是指一個物件，甚至數個物件一旦進入了同一個體系或空間後，會和自然環境產生互動，形成一個相對應的關係。沒有一件證物甚至物件能脫離這個互動關係，包括去考察並調查的我們。因此，有系統性地記錄及策劃如何處理非常重要。只有了解脈絡關係，才能完全理解甚至明白證據的意思。

法醫考古學是一個以三維 (three dimensional) 定位的科學，我們會以物件的長度 (length)、寬度 (width) 及深度 (depth or elevation)，以公尺 (meters) 或公分 (centimeters) 作爲單位記錄。記錄程序完成後，我們繼續以輕輕劃掃的方式去除土塊，希望讓更多骨頭被呈現出來。到這一部分為止，除非是有任何小塊骨頭（碎骨、手骨、腳骨等）已經鬆脫，否則我們都不會把骨頭那麼快就拉出來（有些時候，我們深知會採取主動，看到完整的手腳骨後會先用布或塑膠袋及繩子包裹著這些骨頭，形成一個像哆啦A夢的手的畫面，目的是想保持原位同時又不會令骨頭散掉）。這樣可以確保挖掘人員之後可以清楚記錄及了解骨頭呈現的狀態與姿勢，從而幫助分析。而這種把物件保持與原位的狀態，在拉丁文或英文稱之為「in situ」。

一般法醫人類學家都不會在挖掘的同一時間分析，所有的物件都是必須記錄及裝袋好，紙袋上必須寫得很清楚案件編號、日期、經手人及裡面是否為骨頭（如果是骨頭，是哪一塊？左邊還是右邊？）。在記錄之前更要拍照、以圖像形式把骨頭的姿勢、朝向等都畫好。除了圖像外，文字記錄亦是必須及詳盡的。因為，當在記錄後，骨頭就會被移除，墓地的樣貌無法再回復至原樣。

而其中，屍體的姿勢最為重要。在形容及記錄屍體姿勢的時候，多半分為三個部分記錄：腿部、手部及頭部。腿部的形容法可以分為伸直（extended）、半捲曲（semi-flexed）及捲曲（flexed），或是胎兒姿勢（fetal position）。而手部則分為四個部分：垂直放在身旁、交叉在盆骨前、交叉在胸口前及舉高在頭部上。最後，頭部可以用面朝的方向形容：直望、向左向右、下巴碰著胸口、向後仰等。由於每個人的理解都不一樣，因此越詳細的描述越好！

Chapter 2

三副骨骸在同一個萬人塚內被發現，必須利用考古學三大原則去了解當中的關係。

前人之死？被埋覆的過去與現在息息相關

已經離世的人，諷刺地說，不是真的就這樣離我們而去，特別從考古學及鑑識科學的角度來看。就一般認知而言，會覺得人死後屍身會化為白骨，最後更會回歸塵土。但事實上，人的身體韌性很強，即使在經歷了千萬年後，只要保存環境合適、得宜都可以被留下來。甚至因為科學技術發達，使我們能夠在屍體的軟組織腐化以後，仍能得到有關死者生命的種種痕跡。了解前人的一切，能夠讓我們更清楚理解以前的社會及現在的世界。

一九二〇年代，一名來自開普敦大學 (University of Cape Town) 的醫學生，在蘇格蘭北部一個名為薩瑟蘭 (Sutherland) 的農場，以不合法方式獲得了共九副人類骸骨，並隨後把這些骸骨都捐贈到醫學院供教學既研究使用。這九副骸骨當中包括了兩名女性及兩名小孩。紀錄也顯示這九個人都是被捕獲後，被迫於這個農場成為契約勞工。

直到二〇一七年，開普敦大學的人類骸骨負責人 Dr Victoria Gibbon 在盤點館藏時偶然發一共有十一副非法獲得的骸骨！因為這次發現而推行了為期兩年的公眾保育計劃，以來自薩瑟蘭農場的那九副骸骨為主，希望透過科學鑑定能夠把他們送回後代的手裡。這個任務最為重要亦是最困難的，必定是要從古老的骨頭中抽取 DNA，為骸骨尋找他們的來源地及家人。尋找考古骨頭裡面的古 DNA 是最近十年內才相對成熟的技術，在漸趨成熟的技術下，配合透過法醫考古學及考古學尋找到有關骨骸周遭環境的證據及文物，讓研究人員及團隊能夠從更人性化的角度去理解骸骨的故事。

身體腐化的程序幾乎會在心跳及呼吸停止後立刻開始。這些程序會使人體組織慢慢分解。一般法醫師即會緊緊掌握住這段時間，利用不同相關的病理觀察去計算到底死者已經去世多久。當屍體上的軟組織完全腐爛後就只剩下骸骨。骸骨跟牙齒都是比較堅硬、頑固的組織。即使最後他們都會腐爛，卻可以經歷得起時間的考驗。

骨頭，是用一生的時間建立而成的，因此當中蘊藏了不同密碼及有關我們生活環境的一些訊息。透過分析骨頭裡面的化學成分，甚至是形狀，可以得知其生活周邊的環境及活動。另外，因骨頭在人一生中，隨著年齡增長，會有不同的生長比率及速度，因此透過緊密分析當中的變化，亦可以知道有關年齡的資訊，甚至是骨頭的主人在什麼時間經歷了什麼事件。因為骨頭由有機及無機成分組成，只要骨頭的保存環境甚至放置環境得宜，就能把這些資訊都完整的保存下來，亦因此造就了能夠從骨頭抽取 DNA 去鑑定身份的可能性。當然，DNA 屬於有機物質，只要骨頭被安放在高溫的環境，如：火葬場中被燒過的骨塊就不能再以 DNA 鑑定。因為高溫會將所有能用的有機物質都從骸骨中帶走。

Dr Gibbson 與其團隊在有關薩瑟蘭的研究企劃，與前文提及的 Dr Clyde Snow 的研究性質不完全一樣但擁有相似的結果。最後鑑定出來的 DNA 指出，這九副骸骨都是科伊桑人 (Khoi-San)。Dr Gibbson 團隊在完成整個分析及鑑定程序後，也透過視訊會議與骸骨主人的後代見面，使他們發現這個的技術及科研，原來不僅可以為兩個家庭帶來這麼大的影響，更能帶來「修復式正義」(restorative justice)。透過他們的科研技術，他們能了解到底這些骸骨是如何在被不人道方式對待下離世，而這個企劃令所有人——不單止是家屬，更是蘇格蘭甚至是開普敦的人民，意識到這段殘酷的黑歷史。

深掘六呎之下的真相

這些故事並不單純地只帶有研究及學術性質，更重要的是為尋找逝者身份的調查多提供一個渠道。法醫人類學的其中一個最終目標是要為逝者發聲，無論逝者是誰或是被誰滅聲，不論是軍隊或是政府。除此之外，更會為那些被欺壓、壓榨的人發聲——**被殺害的、被虐待的、被隨便拋至亂葬崗、萬人塚的他們**。他們被人視為「物件」，不受尊重及沒有尊嚴。因此，法醫人類學在此時此刻擔當了一個重要的角色，它不只要找出誰是兇手，更要利用墓裡那被滅聲、被欺壓的「證人」找出事實的真相。而真相的背後，往往揭示了人性的醜陋與黑暗。

縱然法醫人類學的工作充滿意義，但當中要處理及調查違反人道的行為，挑戰真的很大！經歷過災劫的社區及群體，這些人道及相關調查工作對於家屬，甚至是處理生還者相關記憶是精髓所在！如果不能有效地處理受創傷家庭及家屬的情緒，社會復甦的速度會大受影響。雖然說起來很矛盾，但知道屍袋裡死者的身份，其實比起多年的未知與恐懼，反而令人更加平靜的。對於家屬來說，知道死者的最終去向，能夠讓家屬將死者的離世串連到那件不幸的歷史事件上，而不是莫名的自責。這對家屬來說，是一個重啟新生活的里程碑。

以我個人來說，每次讀到任何有關歷史裡曾經發生過，或是現在正在發生中的屠殺、種族滅絕事件，受害者及生還者的親眼親耳所聞，都不禁令人心頭揪緊，可以想像到他們當時被逼到牆角的慘況！對於他們的經歷，我們只能想像，卻不能意會。縱使有機會逃出生存下來，但如果得知所有最深愛的人都被殺害，倖存的喜悅也會在瞬間消失。唯一能做的就是以科學為他們尋找答案，尋找真相！

加害者可能以為可以藉著一死隱瞞事實及加害手段，令受害人滅聲，卻不知道受害人只是換了另一個方式、一種語言訴說著他們的經歷。透過解讀骨頭上的故事，有時候追尋真相可以跨越時空、地域及生死界限。透過這些不停進步的科研鑑定技術，法醫科有關於骨頭特性及創傷的研究，加上借用了考古學的系統分析及挖掘，雖不能讓亡者起死回生，卻可以使他們的聲音就算到了六呎以下都能被聽見，能夠嘗試「治療」家屬的傷及痛。

以這些不幸事件為例，法醫人類學必須以極高透明度參與，好讓家屬清楚了解他們至親死前的一刻，並準備面對已經沒有辦法倒帶重來的人生。從事這個專業久了，就會慢慢領悟到，這個全球性的法醫科工作不只是抓兇手那麼簡單，最重要的是把過去及將來連結起來。過去，是到底眼前的他們經歷了什麼；將來，是重新振作的力量。不論世界各地的歷史背景、政治、宗教如何不一樣，這些人的死都帶出了相同與人性化有關的答案。

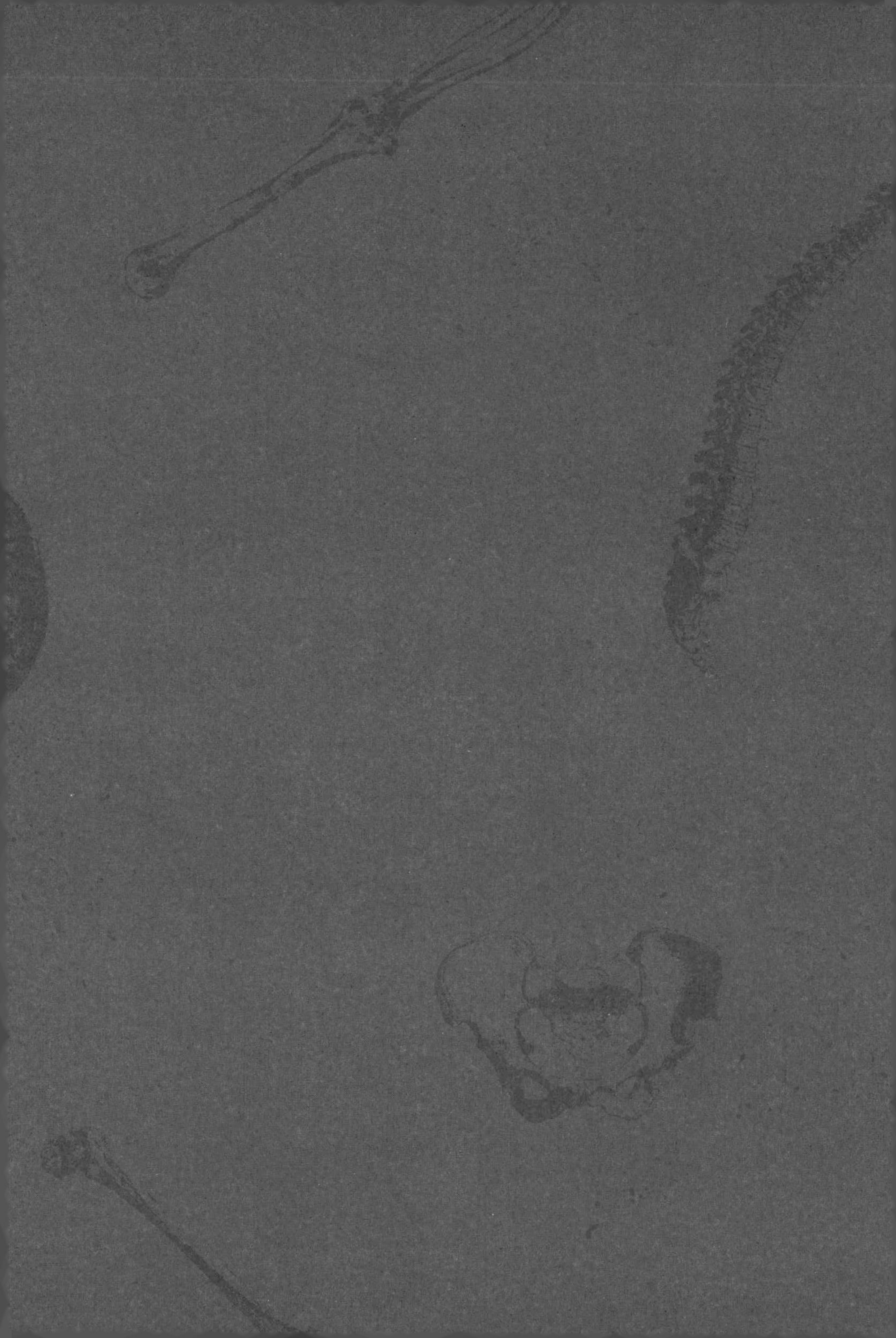

The Bone Room

Chapter 3

／約翰・富蘭克林失航與骨頭的微觀世界

無論我們到哪裡，接觸到什麼，都會把絲毫的自己留下。

We leave traces of ourselves wherever we go, on whatever we touch.

—— Lewis Thomas

凡兩個物體接觸，必會產生轉移現象。

Every contact leaves a trace.

—— 羅卡定律 (Locard's exchange principle)

一八四五年五月，由約翰．法蘭克林爵士 (Sir John Franklin) 帶領的英國航海探險隊嘗試尋找並穿越「西北航道」(Northwest Passage)[1]，其中兩艘船——「埃勒布斯號」(HMS Erebus) 與「恐懼號」(HMS Terror)——於一八四六年失蹤，全數船員罹難。一八四五年的夏天，當航海隊伍進入加拿大北部後，從此失去消息。外界不斷推測到底航海隊伍經歷了什麼意外？其中一個推論為，當隊伍抵達比奇島 (Beechy Island) 後，三名船員先後離世，直至今天依然被葬在這個島上。他們的死因並不是因為寒冷，也不是因為沒有飲用水和食物。

一九八〇年代末期，研究人員仔細研究及檢查這三具屍體後，推斷他們的死因是肺結核引起的肺炎及鉛中毒。在屍體的頭髮、骨頭及組織抽樣化驗中，證實他們體內的鉛含量為正常含量的一百倍。如此高含量的鉛，可以導致身體極度疼痛、肌肉麻痺、神經衰弱（neurosis）、迷失方向等。

鉛工業對消費者的謊言!?

鉛，長久以來都在人類的大眾消費文化中佔有一席位，特別是在化妝品裡面，直到今天依然可以找到它的身影。外國有歷史學家指出在十八世紀，女士們已經懂得將鉛加醋製成粉底，以協助她們追求最理想、最受歡迎的白皙肌膚，同時亦有很好的遮瑕作用！商家們看到這個商機就開始大量生產並謀利，品牌如「Bloom of Ninon」在十八世紀的風頭無人能敵！但，使用者都不知道，這些看似很完美的化

1　又稱「西北水道」，為一條穿越加拿大北極群島，連接大西洋和太平洋的航道。

妝品慢慢地經過皮膚毒害著她們。隨著使用時間越久，使用者們都出現頭髮變灰、嚴重腹痛、牙齒脫落、失明、皮膚乾燥等症狀，嚴重者更會死亡。

二十世紀開始，含鉛油漆的製造商找來剛起飛的廣告業，向消費者「說明」鉛對兒童無害。不過，實際上，那些負責處理鉛的美國工人，都分別出現幻覺，甚至發瘋，更有工人跳窗而死。此時，一名科學家站出來「維護」鉛的形象。這是史上第一次用科學來掩蓋某樣東西對健康及環境的威脅。毒物學博士 Robert Kehoe 獲那些油漆工廠聘請，以專業人士的身份來消除大眾對鉛的危害的疑慮，他說：「鉛是屬於大自然的資源。接觸鉛的工人會有因工作引致的職業傷害，但只要工業本身做好自我規範，就可以減低風險。而且，鉛對消費者有害這一點從來沒有被證實。」一直都沒有人質疑 Robert Kehoe 的說法，直至地理化學家 Clair Patterson 站出來反駁說：「自從工業革命開始，地球的鉛污染已經很嚴重，並且自含鉛汽油推出後急速惡化。」

回到英國航海探險隊的個案裡面，有一說船隊埋葬好那三名船員後，隊伍繼續往南邊出發。一八四六年九月，兩艘船被困於冰雪中，自此就沒有機會啟航。當大隊最後決定捨棄這兩艘被困的船後，船上的船員決定徒步往南走一千英里。但離奇的是，這些徒步的船員並沒有帶著飲用水及糧食前行，而是帶著盤子、書桌等奇怪物件，沿路逐件遺下。除此以外，沿路更看到有人骨，並有食人的痕跡。

對於他們的經歷，以及為何這些船員會有如此奇怪的行為，至今有著不同的說法，包括：壞血病、缺乏鋅、肺結核等。但每一個推論最終都與鉛中毒有關。背後其中一個原因是，由於當時航行前選取糧食供應商的時間不夠，而出發啟航亦不能推遲，因此負責糧食製作的供應商在整個準備工序中都很匆忙，而當時的糧食都是以罐頭形式包裝，而這些罐頭容器恰巧地都是由鉛製作的。其中一個假設為這些罐頭的鉛銲料 (lead soldering) 沒有被妥善處理。有推論表示這些罐頭的鉛沒有燒好才用，令置於當中的食物肉毒桿菌中毒 (botulism)。光是食物，絕對不會使血液含有如此高含量的鉛，因而推斷飲用水也都被鉛污染了。按照船的草圖，船上設有將海水淨化的過濾系統，而這系統的水管也都是鉛造的。依照研究，鉛在以下幾個情況下會比較容易融在水中：

一、當水是剛蒸餾過而又是軟水；

二、當水管是新的，而裡面暫時沒有隔層；

三、當水是熱的。

綜合以上所有論點，看來這航海隊伍中鉛毒的可能性相當大。不過在二〇一八年中，一份針對於這航海隊伍骨頭鉛含量的科學研究推翻了這個說法。這份報告比較了先後失蹤及去世的船員骨頭中的鉛含量，假設較遲去世的船員的骸骨應該比早去世的船員骸骨含有較高的鉛，結果，兩者的含量相若。不過，即使中鉛毒未必是航海隊伍的真正死因，但這也許能解釋為什麼船員們在棄船時會帶上奇怪的物件。

美國的鉛水危機

水中有鉛並不是西方及百年前的「專利」，到目前為止美國甚至世界很多地方也依然有「鉛水問題」。美國密西根州為了節省開支，棄用底特律的供水系統，改為直接從弗林特河 (Flint River) 抽水。不過因為管道老化，當地飲用水中的鉛含量嚴重超標。為防治水管的鉛釋出，現在美國多個城市都會在水源加入負電荷的磷酸鹽 (phosphate) 化合物，當它在水中遇到正電荷的鉛離子後，會結合形式不溶於水的磷酸鉛，積聚在水管底部。

要診斷有沒有中鉛毒，以現在的科學技術只需要簡單抽血就可以知道。鉛在我們日常生活中擔當著重要角色並不只限於當代社會，在古時候甚至歷史上亦有不同事件紀錄相關的用處。因此人有很多不同方式可以透過空氣、塵埃、泥土、水等媒介接觸到鉛。另外，亦因為鉛的成本較低及工業廣泛，因此日常生活中有不少產品都是鉛製的。

這種慢性中毒的毒源會在進入身體後分配到腦部、肝臟、腎臟及骨頭並且儲存在骨頭及牙齒裡面。如果恰巧在這個時候懷孕，儲存在骨頭裡面的鉛會釋放到血裡並且會影響在發育中的胎兒。鉛對人的毒性這麼高，是因為鉛進入人體後會模仿其他細胞成長需要的金屬元素，例如鐵及鋅。鉛的偽裝術很厲害，體內的細胞酵素都會被它的偽裝所矇騙，與鉛結合，視它為自己必要的養份及營養。不過事實上鉛是個騙子，它根本沒辦法滿足細胞需要的營養要求。同時，鉛更會阻擋神經傳導，使細胞與細胞之間不能溝通。另外，鉛更會干擾記憶及學習，因而鉛中毒的人會有極度明顯的記憶衰退現象。

鉛中毒可以發生在任何年齡的人身上，當中以對兒童的影響最為嚴重。由於沒有一個固定的標準標定多少的鉛才是超標，加上鉛中毒亦有不同的表徵，在低劑量中毒時亦未必能察覺得到，所以在診斷時需依賴驗血。

但，如果是在骨頭上呢？一般如果能夠照一張X光片，有很大機會可以看到中了鉛毒的患者骨頭，特別是四肢的末端，都會特別明亮及顏色特別白。這是由於上述提到的，鉛在進入身體後會儲存在骨頭，特別在末端的部分。因為這個部分正好就是平常鈣質會儲存的地方用以協助骨頭發育生長。由於鉛沒有這個作用，因此只能積聚，積聚得越久在X光片上就越明顯。另外一個可以從骨頭檢驗鉛含量的方式，是透過微觀世界的協助。

微觀科學——從骨頭窺看人的一生

檢驗鉛含量並不只是法醫人類學運用「微觀科學」的唯一門路，地理學家及考古學家亦有利用鉛來了解人類或是族群的遷移史。這種利用微觀化學及地理科技，去協助分析骨頭內的資訊都被稱為「穩定同位素」(stable isotope)。同位素分析可讓研究員從微觀角度透過瞭解死者的過去，縮小地理位置搜索範圍，了解死者生前的出生地及在世時的旅遊史，與任何跟死者有關的細節。

同位素分析這技術並不只用在法醫人類學及考古學上，它也被運用在地理學(geology)、生物學(biology)等研究領域。日常生活中可以用來分析及考究葡萄酒的來源地及出產地，防止假酒流出市面。一般運用在考古學層面上的同位素分析，多是用來了解群體的飲食習慣 (diet habits) 及群體的流動性 (mobility，如有沒有遷移等)。而於法醫人類學層面上，則用於辨認無人認領屍體的身份，例如：協助推斷死者的出生地。雖然不能藉著同位素分析得出一個確實地址，但卻能有效縮小搜索範圍，只要比對相關失蹤人口資料庫，再向家屬索取多一部分有關資料，提高成功辨認的機率。

動物及人的骨頭及琺瑯質都能反映到飲用水、動物及植物食物來源。而鍶 (Strontium，一種化學元素) 則能用於推斷小時候的居住地。透過跟有關數據資料庫的資料比對，可以推敲出一個大概的範圍，及知道搬遷的路線及模式。**同位素分析的一個重要理念是「你吃過、喝過什麼，你就是什麼」(you are what you eat and drink)**。每一種食物的化學成分都會反映在你身體內的組織及體液裡。透過分析骨頭的骨膠原 (collagen)、牙齒的琺瑯質 (enamel)、及頭髮及手指甲的蛋白質 (keratin)，甚至是牙齒及骨頭的礦物成份都可以大概了解這個人一生的生活習慣。而當中，以頭髮及指甲的同位素分析，可以分析至短期內 (一到三個月) 的飲食及旅遊習慣，牙齒及骨頭則能按個別案例分析長期或長時間的飲食及旅行習慣。

技術上，經常用作同位素分析的都是：碳 -13(13C)，氮 -15(15N)，氧 -18(18O) 及鍶 (87Sr/86Sr)。以上的幾款同位素都因為比較穩定，不會因為時間而出現半衰 (half-life) 的跡象。而他們的四個同位素都因著環境而有不同的比例，因而可以協助我們了解有關氣候變化、環境變遷、及飲食文化等資訊。簡單舉例，假設一頭牛吃草為生，然後人類吃了這頭牛的話，這種草地同位素及化學元素成分就會出現於人和那頭牛的骨頭骨膠原中。用來了解飲食習慣的同位通常都是來自植物的碳 -13(13C) 及海產類動物的氮 -15(15N)。而了解遷移習慣的多半是氧 -18(18O) 及鍶 (87Sr/86Sr)。前者則是來自雨水、自來水等，而後者則是來自石頭，而鉛與鍶都經常被考古學家採用。這種技術現在經常被用於辨認那些想跨越地域，而不幸喪命的非法入境者的身份。

而於二〇一八年，更有研究指出現在的同位素分析技術，已經可以從頭髮同位素分析去推斷頭髮主人的性別 (Sex)、體型 (BMI)、飲食習慣及運動習慣等。其中的重要因素是頭髮裡的碳 -12(12C) 及碳 -13(13C) 是分析重點。研究指出，從問卷中可以推斷女性 BMI 指標的準確度有百分之八十的成功率，從頭髮推斷性別的則有百分之九十的準確度。另外，研究人員更指出能夠從同位素分析推斷出生地或來源的準確度就只有百分之七十。團隊隨後解釋道，就算沒有高達百分之九十九也可以，原因是這項資訊只是協助調查人員縮小查案範圍，因此高達百分之七十的準確度已經足夠。

雖然，骨頭看上去跟化學扯不上關係，但其用處還真不少！化學物質都是大自然給與我們的資源之一，可以來自飲食，我們的生活，甚至我們的細胞內！它們都沒有好壞之分，甚至之前討論過的砷、水銀、磷，都有利於生活的作用，好壞都是看我們如何使用，繼而骨頭再給予相對應的反應，兩者的平衡是重點。最後的成品就必然是我們死後遺留下的骨骸，向後世展示著我們一生努力的成果！

美國醫師 Dr. Preserved Porter 在一七九〇年的人口普查顯示出他擁有五名奴隸。而在一七九八年其中一名奴隸去世，Dr. Porter 保留了這名奴隸的屍體作為自己的研究用途，並在處理好這名奴隸的骸骨後，請來當地醫生協助利用這骸骨來教子女們有關人體知識。在一九七〇年代 Dr. Porter 的曾孫女把該骸骨捐贈到博物館，博物館按著骨頭上面標著的名字「Larry」命名了這個標本。

終於在六十年後，這個館藏吸引了研究人員的目光。從骨頭上推斷，此組骨頭的主人為非洲裔後代 (African descent)，身高約一百六十七公分，死時年齡約於五十五至六十歲區間。按照 Dr. Porter 家族紀錄及這次骨頭推斷出來的資料比對，確認了「Larry」其實是一位名為「Fortune」的奴隸。另外，Fortune 的手腳骨上都有跡象顯示，其韌帶因為長期於高壓環境下工作而受傷甚至撕裂，此類型創傷為「接骨點病變」(enthesopathy)。此等症狀指於骨頭連結肌腱及韌帶的接合處，有發炎後修復後產生的鈣化或纖維化。專家與其他奴隸傷痕紀錄及痕跡比對發現同類型創傷。歷史紀錄顯示 Fortune 死亡是因為意外遇溺。頸骨上的創傷痕跡則顯示他有可能在意外跌倒的時候弄斷了其中的一節頸椎而導致死亡。歷史紀錄亦指出 Fortune 的子女在他死後便被賣走。但博物館並未放棄利用「Fortune」的 DNA 及同位素分析等技術，嘗試尋回當時被賣走的後代及他們現在的聚居地，希望可以讓這個家庭有重聚的一刻——即使已經離開了人世。

法醫人類學透過骨頭，為本來普通籍籍無名的一副骨頭找回了被遺忘的身份。在 Fortune 去世後的兩百一十五年，即二〇一三年，他終於可以安息了。

肉身腐化後留下的骸骨是每個人曾經生存在世界上的證據。它，滿載著一個人生前的故事及離世後所經歷的事件。這些骸骨成為了亡者世界與陽間的連結橋樑。我想，這也是我在眾多研究範疇當中特別喜歡病理學這一塊的原因。能夠讓我們後世的人去理解亡者的經歷，這些經歷都是嵌在人骨學裡。換句話說，我們並不只是光從演變層面、生物力學、生物學去了解骨頭，而是嘗試去理解，到底這些來自不同時空的骸骨如何跟在世的人有交集。當然，骸骨的地位，甚至觀察每一副骸骨的角度、觀點為何，則端看與它對話的對象是誰，或當地的文化歷史是如何影響對自然史的理解。當骸骨不能說話時，就讓我們法醫人類學家為它們代言。

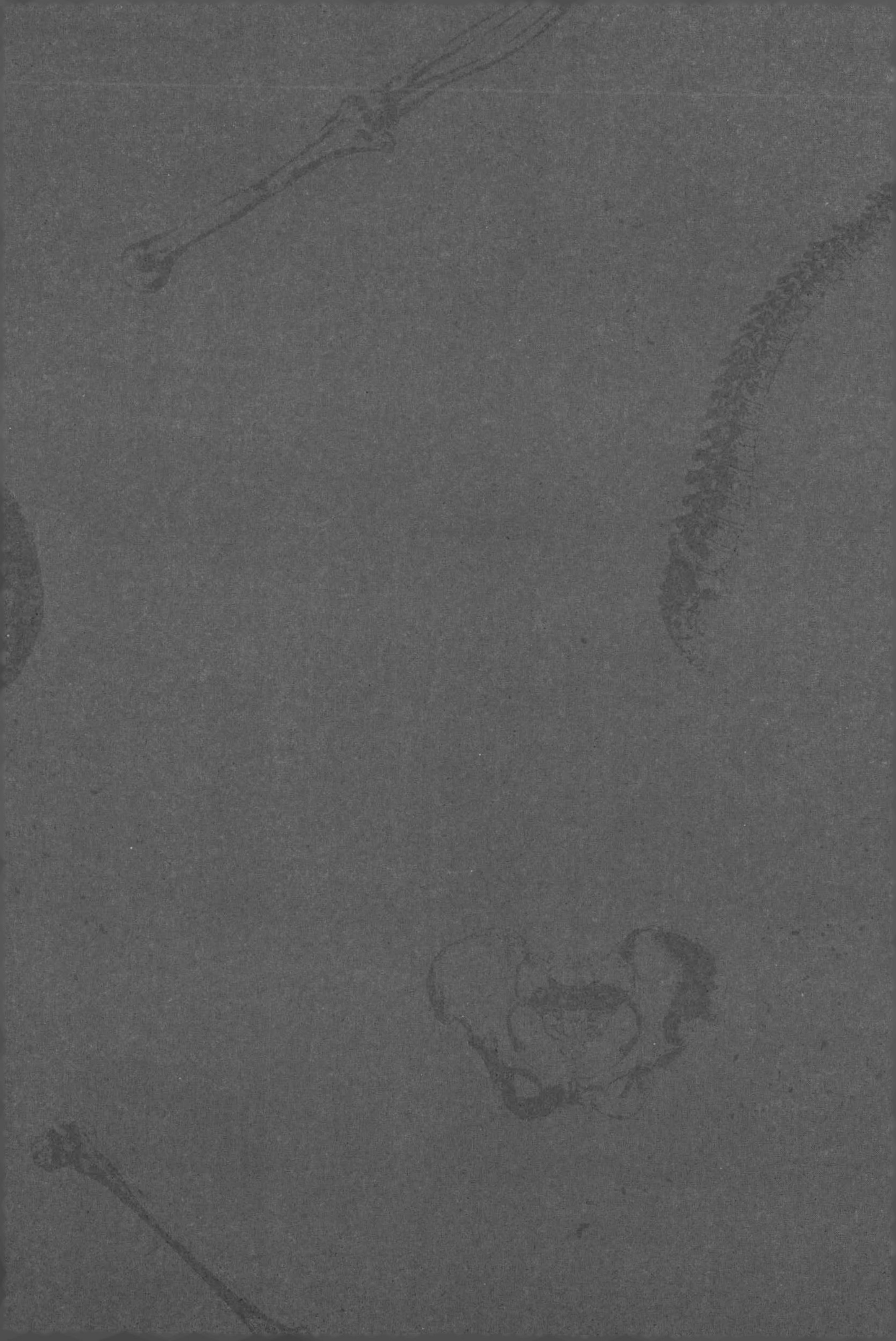

The Bone Room

Chapter 4

/賣火柴的小孩：
城市化的代價

在一八八八年，英國經濟剛剛起飛的年代，卻有超過一千四百名婦女及女孩發起罷工。她們以罷工去控訴男權當道的火柴製造業。由於工作條件及環境實在太不人道，她們溫和地提出訴求，卻反被雇主以鐵腕政策要求她們簽署文件——「被」滿意工作現況。她們藉著這些行動去讓群眾開始了解甚少接觸的產業內幕。但到底有什麼問題呢？按照其訴求可得知，是因為她們每天要在倫敦的東邊工作超過十四個小時，她們更懷疑因為工作接觸的化學物質令身體出現不適。此罷工開始幾個小時以後，整體負責製作火柴的女士及女孩們都參與了罷工行動。但火柴製造廠裡面的物質到底有什麼影響，一直沒有實質的考古證據，能向現今的我們說明到底當時的工人們身體出現了什麼變化，直到最近。

約在二〇一五年，有一群人類學家研究了一具青少年骸骨，他們指出骨頭上具有「磷中毒」的體質特徵。

磷的雙面刃

磷有不同的形態及顏色：白色（即一般的光磷）、紅色、紫色、黑色及最近找到的粉紅色！磷的英文名字「Phosphorus」來自希臘文，有著「帶光者」的意思，

全因磷的易燃性 (flammability)，尤其是黃磷 (white phosphorus)。因為其易燃性，令人聯想到黃磷可以作為很好的室內照明工具——原先的設計理念是，用極少的能量及摩擦力摩擦火柴頭就可以照明。故黃磷被應用於火柴，對當時的照明及生活模式來說是一大進步，因此火柴需求異常高，並繼而造就了一個名為「浸染工人」(dipper) 的工作職位。

因為上述火柴的流行及需求，也造成了俗稱「磷毒性頜疽」(Phossy jaw) 的磷毒性顎骨壞死 (phosphorus necrosis) 病症。這顎骨壞死都源於患者長期接觸毒性相當高的磷，而當中的患者更有大部分是女士及孩童。因為他們的手指相對地纖細。每一個於火柴製作工廠的工人，其工時約長十二到十六個小時。工作期間，必須站在一缸裝有微溫的化學液體的水缸前，用手指拿著火柴的木棒浸染混有黃磷及其他化學物質的液體。而每枝火柴都必須被浸兩次，在風乾之後剪成小根，以盒包裝出售。因為工作需要，他們吸入由黃磷釋放出來的氣體，繼而等於將他們暴露於磷毒性顎骨壞死的風險中。

雖然有這般高的風險，卻因為這是工業革命起飛初期，重視職工安全及最高工時限制依然是一個還沒有萌生的概念。言下之意，代表著這樣的工作，薪水並不高但工時卻很長。工作環境也是通風異常差及黑暗。小孩們及女士長期暴露於高危的環境，亦因為欠缺活動及陽光，因而有較高風險罹患肺結核 (tuberculosis) 及佝僂病 (rickets)[1]。亦因為長期暴露在磷的地下空間中而使對其健康的不良影響更高。

在化學元素週期表排行十六上的磷 (phosphorus) 曾經非常神奇及神秘，吸引了很多煉金術士的青睞。它能令骨頭發光，造就有如「鬼火」相關的詭譎傳說，甚至於十九世紀造成「人體自燃」(spontaneous human combustion) 事故。磷，絕對不是百分之百的邪惡之物。相反，它是生命中必須有的元素。當它跟氧氣結合，成為磷酸鹽 (phosphate)，能夠將我們的 DNA 連結起來，令我們的骨頭更加堅固！

這些長期暴露在黃磷環境下的人，隨著時間身體會產生改變。吸入從黃磷釋放的氣體會令肺部發炎及導致其他肺部問題。磷散發到空氣後，其粒子會依附在牆壁及地板上，因為有發光的效果，工人回到家後的衣物亦都會發光！如果工人吸入過多的磷的話，他的嘔吐物亦有可能會輕微發光！

磷毒性顎骨壞死症

這具由英國杜倫大學(Durham University)的人類學家研究的青少年骸骨性別並不明確，由於青少年的年紀介於十二到十四歲，其反映在骨頭的性徵還未最明確，因此對性別的推斷並不會有太大幫助。這名青少年患有壞血病(scurvy)及佝僂病，磷毒性顎骨壞死，並懷疑患有肺結核。其佝僂病的病徵非常明顯：由於長時間在工廠工作，沒有機會曬太陽因而未能製造足夠的維他命D協助骨頭生長，故大腿骨形狀是弓形的。另外，頭骨及腿骨上的骨頭厚度異常的薄，使人類學家推斷這為另外一個新陳代謝有關的疾病——缺乏足夠維他命C的壞血病。再加上，肋骨部分的異常，令學者們懷疑其有肺結核的可能性。

坦白說，這些疾病在十九世紀的英國倫敦並不罕見。這是由於人口稠密及初開發城市，衛生條件不甚理想。不過最吸引研究人員的肯定是青年的下顎，亦因為下

1 一種於兒童時期發生，主因是維生素D的攝取不足、日光照射不夠，或其他疾病，導致體內維生素D缺乏，鈣磷代謝失常，使骨骼發育障礙或畸形的疾病。

顎的情況才使研究人員想到可能與火柴製造廠有關！

磷毒性顎骨壞死症狀由最初的牙痛，然後到牙齒脫落。之後，臉部開始會腫，在下顎開始會有化膿的跡象。臉部沿著下顎的位置開始會腐爛，繼而看到已經壞死的骨頭。有時候因為有過多的磷在骨頭裡，因此會於漆黑時發光！唯一一個可以做的是把那個人移離開有磷的環境，可是從謀生的角度看來是不可能發生的！因此為了防止磷毒擴散到其他內臟部分，特別是擴散到腦部，繼而導致肝臟衰歇，當時的醫師會進行下顎移除手術。連同復原及安裝「新」的下顎，一共需要住院六個星期。不過大部分手術後的病人在回家後當晚都會死亡，據說原因是在睡覺時嗆到。

研究指出，有百分之十一曾經暴露在黃磷氣體中的人，都會於五年內出現磷毒顎骨壞死的症狀。這個症狀會使下顎骨 (mandible) 受大規模感染，而這名青年的左下顎骨有大面積的骨頭組織壞死，甚至延伸到下顎的中間。研究者提出，這些壞死的骨組織最後被受感染的骨頭吞噬。而研究人員更將這個症狀與歷史上同樣因為生產火柴而出現類似症狀的骨頭比較，發現兩者的症狀完全吻合。

雖然，研究人員最終都不能肯定這副骸骨的青年曾經受「磷毒性頜疽」之苦，不過可以肯定的是，他臉部的輪廓甚至樣貌都因為下顎問題而出現改變。因為在骨頭上看到大面積的骨髓炎 (osteomyelitis) 的痕跡，臉部會腫脹及化膿，而經由口部流出的膿液都會帶有異味。

我們因為檢視骨頭看到火柴製造曾有這麼大的問題，但英國政府是到一九〇六年才證實禁止採用黃磷作為火柴原料。這個青年的骨頭可以說是第一具古病理學有關磷毒的證明！深信考古學家會於不久的將來找到更多！

從磷毒的這個例子可以看到，令骨頭中毒的方式是以吸入的較為慢性但異常嚴重，特別是那些透過化學作用，而令此成分化成粒子漂浮在空氣中的有毒元素。他們一方面向我們展示了在十九世紀的工業進步，懂得利用科學等改善生活品質，而另一方面亦展示了因工業革命及改變，而對聚居的人或是員工所衍生的病理。因為兩者互相影響及交替，使現在的我們能夠從遺留下來的骨骸特徵了解他們的故事。同時，亦讓我們知道因為安全、健康意識改善而間接使這些病理不再肆虐。不過，現實中並不是每一種物質都已經在危害我們健康這方面「氣數已盡」。其中一種到今天都依然慢性肆虐的必定是砷 (arsenic)，或許我們現在一般都以另一名稱去稱呼它：砒霜。

越漂亮的綠色，越有事？

砷是砒霜劇毒反應的主要成分。在十九世紀初期的英國，要殺害丈夫的最佳方式？砷！要殺害自己嬰兒的方式？把砷塗在乳頭上，讓嬰兒透過飲用母乳吸入就可以了！砷毒於當時幾乎可以說是女性常用的殺人方式。因為中毒後的反應皆不外乎：肚瀉(diarrhea)、嘔吐(vomiting)及肚痛。死亡一般都是較長時間的，可以至數小時。

砷是地球上一種天然出現的元素，由於它能製造出一種與眾不同的綠色色素，因此十九世紀時被運用在壁紙、油漆、布料等層面上。它本身並沒有害，直到與碳酸鹽混合加熱成為「三氧化二砷」(arsenic trioxide)，或稱「白砷」(white arsenic)。在低劑量時，對人體沒有害，反而有著多重醫療用途。這種亮眼的綠色後來成為了「謝勒綠」(Scheele’s Green)。除了上述提到的裝飾用途外，後期更用至飲食及玩具上：蛋糕色素、糖果色素等。聽到都覺得恐怖對吧？想像一個小孩在玩一輛綠色玩具車後，把手指放進口裡。又或是，分發綠色糖果給身邊的小孩。隨後，因為陸續看到有孩子在綠色的房間日漸消瘦、穿著綠色洋裝的女士都開始容易身體不適等，讓人開始懷疑到底這種綠色色素是否有問題，繼而衍生出「巴黎綠」（或稱翡翠綠，Paris green)。不過，也是帶有砷毒的。

最初，完全沒有人懂得處理這種病症，當時有名的醫師甚至會建議病人放十二到十五顆荔枝在肚皮最痛的位置上。隨後，有醫生開始把病人胃內的食物丟到火裡燒，發現如果燃燒後釋放出蒜頭味的話，即代表那堆食物含有砷。這種做法到現今依然有法醫採用呢！

這些有毒的綠色顏料破壞了所有接觸到它的人的手及身體。砷會蝕去指甲下的組織，會藉著破了的鞋子而侵蝕腳趾。甚至，因為不知不覺間有砷藏在指甲裡，而用指甲直接抓皮膚，使此毒藥可以直接進入血液內，而使手部發炎。當然，中毒的不只是協助製造含砷產品的工人，其使用者也蒙受其害。一八七一年一位女士購買了一箱綠色手套。慢慢地，她的雙手起了變化，雙手從指甲邊開始潰爛！

另外，跟磷毒、砷毒一樣，中水銀毒的重要受害者都是因為工業加工作業時而要接觸這兩種元素的人。在十九世紀的英國因為男士有戴帽的習慣，而當時主要是以兔毛製做帽子，製作工序則為了使兔毛能更容易連在一起，工作人員必須要用到水銀。中水銀毒比其他金屬中毒的後果可能更加恐怖！當你一吸入時，它直接攻佔大腦。因此首先產生的中毒症狀都是與神經系統有關，例如：手抖。這些十九世紀的造帽工匠之後會開始有心理問題，例如變得異常地害羞甚至極端地暴躁！有些工匠的病症隨後更發展成為呼吸及循環系統疾病。值得說明的是，由於工匠最後會在帽裡加上一層布隔開水銀的部分，故水銀毒只限於製作工匠才有罹患的風險。

新科技是救贖還是傷害？

我們都會以為「磷毒性頜疽」已經徹底從今天的工業被移除，但現實中，卻因為現代醫學，在某程度上反而令這個病理重生了！在現今醫學中，有一類名為「雙磷酸鹽類」(bisphosphonates) 的藥物經常用於治療癌症及骨質疏鬆這類病症。這類藥物有可能造成下顎骨的健康惡化。當然，保持口腔衛生、經常檢查牙齒及服食抗生素能夠有效減低相關風險。不過即使如此，也說明了在醫學進步時，即使治療了部份症況的同時，亦有可能衍生新的問題。

在工業化時代的磷中毒事件，其中一個很重要的議題是，於那個時代女性及小孩的健康問題。因為手指比較纖細而被安排在沒有保護衣物的情況下，接觸這些毒性很高的化學物質，同時，當時她們的徵狀並沒有特別被關注。而這種在醫療上的不平等對待，很可惜地時至今日的社會中依然存在。有研究報告指出在現今的醫療體系中，女性一般的痛楚與男性的相較之下，沒有被很重視、認真的對待，而且甚至有時候為女性診症時所花的時間比男性的少，因此有機會造成誤診。

為此，世界各地的女性們都相繼為自己的健康及醫療權利站出來，反對當權者以不同形式的政策及手段，剝奪她們在國家甚至全球應該有的權利。這種不平等對待不限於醫療層面，而是概括了一般人權範圍。從十九世紀的火柴女工到今天專門為女性而設的不同形式避孕裝置，不但間接及直接傷害了女士的自身健康，更要她們相信及接受這一切都是無可避免的。

二〇一八年年底，Netflix 上映了一套名為《尖端醫療的真相》(The Bleeding Edge) 的紀錄片。此紀錄片探討了「醫療用植入物」(medical device) 這個當代產業，當中包括任何相關產物，上至骨科人造關節，下至女性的避孕器。這個產業可以說是醫療科技造福我們的一個大躍進。不過，在享受這種人類科研成果同時，我們其實很少去想到底這些植入物是安全？還是對身體是一大創傷？醫療植入物這個大工業市值數以千億計，每年為市場提供先進的用具及工具，以改善及保持人的生活為己任。例如：心臟起搏器、髖關節替代物、眼角膜移植等等。可是，沒有太多人會去研究背後這些工具的研發甚至使用是有多不人道。此紀錄片不是企圖或意圖去推翻這些好事，又或是想去投訴這些儀器，而是呈現某些裝置因為植入人體後而產生毒素，甚至對事主造成不能挽救的傷痕，希望讓作為觀眾的我們，去思考人們應該如何避免甚至減低這些事的發生。

一九五〇年時期，因著藥物「沙利竇邁」(Thalidomide) 的出現能夠有效抑制孕婦害喜等妊娠反應，及發現其化合物有鎮靜催眠作用，因而風行全球。可是到一九六〇年。有醫生發現歐洲嬰兒的畸形比率非常高，繼而開始對此症狀展開調查。研究顯示出胎兒畸形與沙利竇邁的使用相關，因而開始深入研究。隨後，相繼有歐洲國家停止銷售。沙利竇邁影響了新生兒的四肢及臉部五官的發展，令嬰兒的身體成長不完全，繼而地患上「海豹肢症」(Phocomelia)[2]。可是，由於孕婦們都不知道為何嬰兒會得此殘疾，就算知道是什麼症狀後，亦沒有辦法將情況逆轉。到今天，沙利竇邁因多得病理學家及藥物學專家研究，成為可。以有效治療紅斑狼瘡、痲瘋病 (leprosy) 及多發性骨髓瘤 (multiple myleoma)[3] 的藥物。

這種監測本來就不是醫生的份內事，而應是廠商在正式推出醫療產品前是否經過嚴謹的審慎評估。幸運地，這些置換關節都是能移除的組件，如果是不能移除的裝置呢？又或是移除後對身體造成的傷害有增無減的呢？《尖端醫療的真相》紀錄片中紀錄女性用的侵入式避孕裝置「Essure」，及因為想改善生產後等泌尿問題而安裝的人工網膜 (mesh) 等，前者是因為沒有正式向醫生介紹如何安裝及益處，繼而令醫生使用錯誤方法，讓女性們受到嚴重煎熬。後者則因為一但安裝後，完全沒有方法可以移除整個裝置，令受苦的女性們嚴重影響生活，經歷更多的手術及不必要的痛苦。

透過前述英國杜倫大學研究的青少年骨骸，我們能夠檢視到以前在工業革命起飛初期，人們為謀生所經歷及承受的一切，更了解到這些好像對今日的我們來說遙不可及的病症。另一方面，我們更理解到當時的社會狀況，一個國家或城鎮為了城市化，裡面的居民要付出的代價，及當時社會結構裡面的兩性不平等現象。乍看之下，這些不平等沒有因為時代的變遷而消失在我們社會當中，反而更有因為牟利及為一己之便而欺詐他人。透過骸骨，我們好像把兩個世代的事件及社會問題連結了起來，亦說明了我們今天必須要繼續為後代奮鬥，爭取及宣揚性別平等的重要性，甚至延伸到不是兩性而已的二元層面，重點是要他們知道每一個人都值得被尊重，都享有相同的權利。要達到這個目標，就必須要像這些十九世紀的火柴女工一樣為自己的不平發聲。

2 為一種天生的殘疾病類，此病可以廣泛亦指缺乏器官包括臉部五官、四肢、或身體的任何部位。

3 是一種骨髓造血系統的惡性疾病，好發於老年人，平均患病年齡為六十至七十歲，男性的罹患率比女性高。

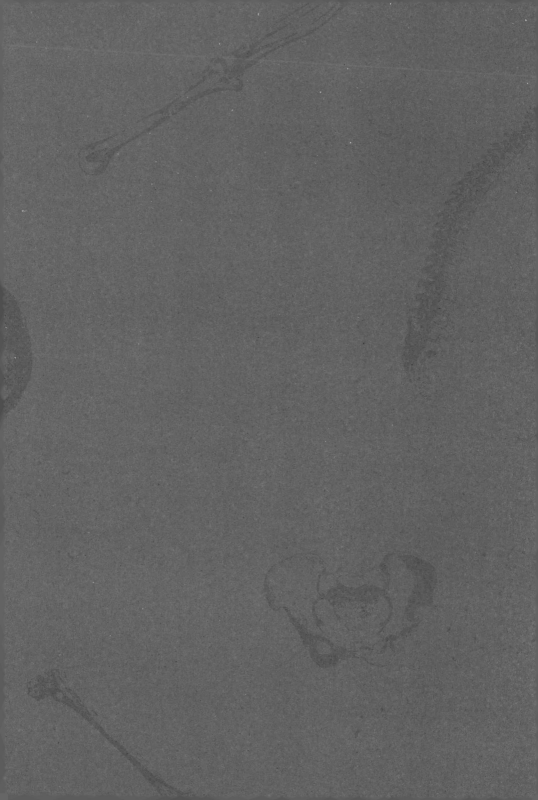

The Bone Room

Chapter 5

／甘迺迪總統之死
與另類身份辨識方法

如果有追看美劇《尋骨線索》(Bones) 的話，你可能會記得其中一集中講到白節德博士 (Dr. Temperance Brennan) 他們被困在自己的實驗室大樓，並被要求於日出前處理好一副指定的骸骨。整個過程都有像 G4 的神秘人監視著，氣氛令人很緊繃！在白博士細心觀察及研究後，她懷疑這副自己在處理的骸骨不是別人，而是美國的甘迺迪總統 (President John F. Kennedy)。

或許，容許我簡單介紹甘迺迪總統的遇害經過。一九六三年十一月二十二日，甘迺迪總統在副總統的陪同下到德克薩斯州訪問。約中午時分，正當總統坐著開篷車出巡，行駛至一個轉彎處時，有一名埋伏的槍手向他開了槍，直瞄準其喉嚨，當場斃命。數小時後，官方所指的兇徒亦被槍殺。雖然後任總統所成立的調查小組報告支持這個說法，但民眾卻不接受，因而衍生了各種陰謀論。

戲劇裡沒有講明白，到底白博士處理的那副特別骸骨是否真的屬於甘迺迪總統，不過令人不禁思考：到底法醫人類學家有沒有參與過真實的甘迺迪總統命案調查呢？

遺骸的身份辨識——額竇比對

在甘迺迪遇害後，法醫們在解剖時為其遺骸於程序上地照了X光。這X光隨後受到以上陰謀論的人質疑。有見及此，當時的調查小組 (House Select Committee on Assassinations，HSCA) 就邀請了兩位法醫人類學家 Dr. Ellis Kerley 和 Dr. Clyde Snow，檢查及考究能否用科學方法來推斷屍體是否真的屬於甘迺迪總統。面對著這個挑戰，兩位法醫人類學家就採用了到現今都經常使用的方法，嘗試核實骨骸的身份：X光片對比 (radiographic comparison)。

他們將解剖時由法醫拍攝的X光片與甘迺迪總統生前於醫院處拍攝過的紀錄比較。他們比較兩張X光片的前方及側面，以便觀察「額竇」(位於眼睛之上的額骨裡面，於眉弓的位置，frontal sinuses) 的形狀及位置。學者推崇額竇鑑定的這個方法早於一九二七年即開始有紀錄。

一般透過骸骨去準確辨識身份的方法有幾種，最常見的可能是與生前的X光片做對比，或是以牙齒與生前的牙齒紀錄做對比。而另外一個常用到的技術就是「額竇比對」(frontal sinus comparison)。額竇為眉弓位置的頭顱外骨及內骨中間的一個空間（前額骨的兩層骨），這個空間在X光片下每個人的形狀都不一樣，也甚少對稱，因此透過比較生前及死後，甚至被燒過的骨頭的前額X光片就可以知道是否屬於同一人。

知名美國法醫人類學家 Douglas Ubelaker 曾經利用一個博物館館藏，去研究頭顱骨內的額竇能否作為身份辨識的工具。其後都有不同的研究指出這個方式的可信程度相當高，同時因為額竇即使在火化後依然能保持其特徵，所以希望透過科研能讓這技術運用於火燒過的骨頭碎片。不過，由於額竇的位置其實很接近前額骨的表層，因此有可能在火化時已被火焰影響，並因為熱力而造成斷裂的情況，加上美國的有關部門認為由於現時沒有一套明確的指引及方法，如果在法庭上被質疑的話，專家證人必須向庭上的陪審員及法官解釋其可取性及準確性。故此技巧到現在為止仍然依靠著學者們的努力將其成熟化。

法醫人類學家在鑑定身份的過程中挑戰不斷，因為每一副骨骸的經歷都不一樣，而很多時候情況都是缺乏生前／死前的病歷及資料，死後屍體又會因人為或大自然的因素有所改變。這個時候，其他的鑑定方法就能派上用場了，最常見的除了是從骨頭入手外，更會用隨著死者身上找到的衣物、骨科植入物及刺青等協助尋找逝者的身份。

衣物鑑定

在與死者一併找到的衣物上，部分能夠找到他們死前甚至被殺害的方法的痕跡。因此鑑定衣物，特別當衣物因襲擊而造成的破壞，是法證科裡不可忽視的一門專業。透過深入分析及檢視衣物受破壞的位置，可以協助執法人員偵破槍擊案、刺傷，甚至強酸襲擊等情況。

衣物上因為襲擊而造成的傷害，可以說是身體上真正傷口的「二維版本」（two-dimensional）。一般的分析理所當然地會特別留意傷口本身，但有時候基於檢驗或是環境限制而不可能經常反覆去檢視傷口。最簡單的情況如傷口已經被縫上，而警方依然努力調查當中，並需要重新檢視證據，衣物鑑定就會是一個好方法；又或是發現屍體時，屍體已經極度腐爛，原本的傷口都已經連同身體其他軟組織腐爛掉。

以鈍器創傷為例，撞擊可以由拉、扯、踢及壓等方式造成。其中一些研究者特別專門研究了六個被車、火車等交通工具撞擊的死者衣物。這些研究的作者都稱看到這些淺色衣物上有很明顯的黃色污漬，相信是與猛烈撞擊有關。由於這些案件中的死者都有著「癡肥」的跡象，研究人員懷疑這些黃色的積垢，是來自死者體內的脂肪。當然，亦有機會在撞擊的當下，導致身體其他地方有受傷，因此應有血液等染色，而黃色積垢更可以是身體其他物質導致。可惜的是，研究人員並沒有全面探討當中的可能性。不過，研究人員都認同，撞擊力的大小對衣物會有相應的影響，繼而影響它被撞到後的改變。

銳器創傷造成的傷口，很明顯能看到有個刺傷的位置，銳器會穿過布料而留下一個小洞。不同兇器（例如不同類型的刀、尖銳度、形狀及下刀的方向或是斜度）所造成的洞與傷害也會不一樣。這種分析，可以與法醫人類學家從骨骸收集到的刀傷資料做比較，去加強或是推翻有關傷口的既有推論。

槍傷在衣物的傷害方面，在現今研究上還是一個比較需要加強的分支。在有限的研究之下發現到，衣物可以作為一個讓子彈穿過的障礙物。當然，這個說法也受很多不同的因素影響，例如發射子彈時與衣物距離，甚至衣物本身的物料材質。以空氣槍作了一個實驗，研究人員發現大部分的布料在十八點二公尺的距離後可以阻擋空氣槍的子彈，而牛仔布料只需要九點一公尺。反之，棉布是完全沒有阻擋的可能性，因此一般大眾的衣物會比狩獵者甚至執法人員的防彈衣更薄及更容易被子彈穿破。

Chapter 5

協助鑑定身份及有彈孔的衣物。

大眾對於法證科的刻板印象一般都停留在DNA上，但有「時尚警察」(fashion police)之稱的「法證衣物分析師」(forensic garment analyst)與法醫人類學家一樣，主張不要依賴化驗結果，而是要聆聽及細心觀察證物本身。在某些情況下，由於屍體已經死去多時，已因為環境條件而完成腐化，變成了骸骨，並留下了衣物。這個時候，除了發考古學或是法醫人類學家上場之外，更會需要這些衣物分析師從衣物上尋找有關死者死前經歷的一切痕跡。

英國的時裝歷史家Amber Butchart指在分析時裝的材質及整體時，不要輕易用一些「標籤」來形容，而要儘量把服裝的特色詳細地描述；她舉例說不要用「民族風」(ethnic)來形容一些來自外地的布料，因為這是非常主觀的詮釋(interpretation)，每個人對「民族風」的定義都不一樣，因此我們需要把用語標準化。所以，在描述從土中挖掘出來的衣物顏色時，我們就算是看到是綠色或藍色等顏色，都不會直接以這個顏色來描述衣物。原因是這個顏色有可能是因為原本的顏色在泥土裡被分解出來的效果，因此描述的方法只能是深(dark)或淺(light)。

除了比較款式之外，光看衣物的製作方式、顏色等都是一些很好分辨的途徑。

前提是，要先了解到底這個衣物是多久以前製造的。當然，在法醫人類學專業裡所遇到的案件，由於都是近代的，所以分析出來的週期也比較短。相反，考古學中牽涉的則可以上百甚至數千年。因此，第一步就是要把衣物的小部分樣本取下來並放到顯微鏡下，觀看衣物的微細結構及布料的顏色。如果都是天然布料，如羊毛、棉甚至麻布，這衣服則至少有八十年的歷史。反之，如果顯微鏡影像示意出為人造布料，衣物的製造時間就不會超過一九二〇年代。當然，在某些特定情況，會採用比較摧毀性 (destructive) 方式去找出衣物到底已有多久的歷史，例如：放射碳年代測定法 (radiocarbon dating)。

加拿大的新斯科舍省 (Nova Scotia) 在二〇一七年的一個考古發現裡，考古學家 Amy Scott 與她的團隊就特別用了衣飾來協助判斷身份。該次考古共找到了數十副骸骨，其中一副男性骸骨的盆骨下面，找到了三顆奇特的錫製鈕扣 (pewter buttons)。考古學家從這些鈕扣及骸骨的牙齒推斷，這名男子是一名十八世紀的外籍士兵。

衣物，說實話，只能提供一個推測的身份，特別是在一些曾經發生過戰亂、難民潮的地方。生還的家屬，很依賴亡者的衣物，不論是家人還是陌生人，去協助他們在經歷了悲愴的事件後繼續生存下去。因此，雖然不太鼓勵只用衣物去證實一個人的身份，但在部分情況下，是唯一可以用到的死者辨識法。

體內植入物

於現今世代，醫學進步的關係，骨科植入物也是非常好的另類身份辨認辨法。骨頭上的「關節植入物」(surgical implants) 通常都必定帶有資料如：製造商、序號等。只要聯繫製造商或代理，就能找到進一步資料，例如：哪家醫院甚至診所購入了這一批貨。有時候可以直接透過植入物而找到屍骸的身份，有時卻只能縮小範圍。在美國，有研究指出，一般需要用到這些另類的身份辨認方法的機會大約只有百分之九。若使用手術或是一般醫療植入物做辨認時，需要的資料是植入物上的序號及有記錄到序號的醫療紀錄。但按照美國的學術研究序號紀錄並不是強制性的，視乎個別醫生的習慣。

不過在部分情況下，骨科植入物它是搜索身份的重要線索，有時甚至是唯一可以辨別身份的方式。如前文所說，可以透過找到植入物的品牌標誌確認，又或是透過植入物的特徵來確認。最理想的情況是植入物屬於病患個別訂製 (patient-specific implants) 或是含有個別病患的資料，再加上序號的話，就能明確地確認身份。如果植入物沒有那麼個人化的資料，就要尋找植入物上的批號，透過供應商去找出貨紀錄等，繼而找到分銷商，最後甚至可以追尋到是哪一間醫院進貨。與前面個別訂製化的情形相比，這個情況更為常見。植入物的資料能協助法醫專家或執法單位尋找死著「有可能的身分」(probable identity)。

可惜的是，這是一種比較新穎的方式及技巧，很多相關的研究還沒完全量化。而且每個地方處理、記錄醫療植入物的做法都不一樣，而相關企業變化迅速，所以也有可能尋找到品牌或企業後，公司都已不存在了。

芸芸的骨科植入物中，螺絲應該是用得最多的，它可以協助連接肌肉及固定受骨折影響的骨頭。不過，螺絲一般都缺乏詳細的製作商資料，除非是某些屬於其他植入物的配件，才會有比較具體的描述及紀錄。另外，美國學者 Rebecca Wilson 和她的團隊更寫到這些螺絲很容易與五金行賣的螺絲混淆，因此很多新式的醫療螺絲都改用上「六角螺絲」(hexagonal)，希望能夠與工業用途的螺絲有明顯的識別。透過比較生前及死後，又或是植入物的 X 光片時，螺絲的款式、數量依然可以稱為辨識身份的有效工具。

刺青紋身

人的身體歷來都是一幅畫布，作為展示我們揀選的或天生的身份。因此，刺青圖案及紋上的位置能告訴執法者，或考古學家很多不同的資訊。刺青對幫助身份辨認程度之大，於二〇〇四年的南亞海嘯可見。泰國炎熱的天氣加速屍體腐化，或因屍體被水浸泡因而不易辨認。幸而，部分屍體根據家人提供的資料，以及屍體上的刺青作比對，加快了辨認進程。刺青師傅就像不同的派別藝術家一樣，帶有個人特色。不同風格及設計至少可以告訴我們一些資訊，甚至有機會令執法單位找到該位藝術家，協助調查死者身份！

一九八〇年，兩名女子於美國加利福尼亞州被殺。其中一名女子身上有非常獨特的刺青。雖然如此，這件案件一直都沒有偵破變成懸案。直到二〇一五年，這宗懸案再度引起關注，透過現在先進的DNA測試鑑定到兇手，這名兇手原來是一名強暴及刺殺女子的老手！雖然透過法證科學的進步及技術，對兇手有了進一步了解，但此案件的受害者身份依然未明。唯獨那名有刺青的女子被描述為拉丁裔或美國原住民裔，死時(即約一九八〇年)年若二十五歲，留著深色的頭髮及有些牙齒不見了。而她的刺青，是一顆心上下分別寫著名稱「Shirley」及「Seattle」兩個英文字。而另一個刺青則是一朵玫瑰，亦有兩組英文字，分別是「Mother」及「I Love You」。

有刺青的皮膚能承受時間的考驗，令該皮膚得以減慢腐化速度甚至得以保存。刺青時，刺青的墨水會穿透至皮膚的內層 (dermis)，至於有多深就要視乎皮薄還是皮厚了。在發明激光去除刺青之前，只能以手術移除。以激光去除刺青的原理是，用激光的熱力令皮膚細胞死亡或分裂，使皮膚深層的墨水粒子游離原本刺青的位置。有時我們在解剖中會發現屍體有墨水的痕跡在淋巴核，那麼雖然表皮是看不見刺青了，但仍可證明死者曾經有過刺青。

現在雖然出現了不同的去除刺青技術，但在X光、紅外線及激光的照射下，被去除的刺青依然會無所遁形。這歸功於刺青用的墨水的成分。墨水當中的金屬粒子及密度能呈現於X光片上。X光亦能看得出刺青的新舊！按照學者們研究，舊的刺青會看得比新的清楚，此現象是由於墨水中的金屬會隨時間慢慢沈澱。而歐盟近期亦禁止了所有帶金屬的墨水用作刺青用途，這個條例同時亦變成了鑑定時間的分界線。另外亦有用紅外線來去除刺青的做法，但在不同的光譜下卻會呈現，只需要加強影像，就能判讀出刺青圖案。

法律與人道的公義標準

刺青給調查人員的另類提示可以說是罪案調查及法證科學這數年來的一大躍進！可惜的是，雖然如此，這名女子的身份至今還沒找到。不過，退後一步，既然已經知道了誰是犯人，亦已經被判罪，案件到這裡已經算是結束了嗎？受害人一日身份未明，還需要去花費人力物力去處理嗎？如果需要，背後的原因為何？是為了防範未然？還是為了尊重死者及其家人？還是，覺得沒有必要？法醫人類學對受害人身份的執著可能能解答以上部分問題，但這些問題道出了律法上追尋的公義，跟人道及法醫學甚至科學上所追尋的公義可能會有出入。而要找尋兩者中間的共同價值觀，相信依然需要一段長時間。

回到甘迺迪總統被刺殺一案，兩位學者最後於報告上寫道：「單憑從生前及死後的X光上看到的額竇形狀相似之處，足以斷定為兩張X光片來自同一人。」(The similarity in shape of the sinus print patterns in the ante mortem and post mortem films is sufficient to establish that they are of the same person on the basis of this trait alone.) 他們又指出除此之外，頭顱骨上的其他特徵，例如眼眶的形狀、頭頂縫的縫合程度及紋路都很類似。因為有這樣的總結，調查委員會最後亦正式官方公佈兩張X光片都源自同一人——即他們被刺殺的第三十五任總統甘迺迪。

到今天為止，依然有人繼續以不同角度去破解這件刺殺案剩下的疑點。可惜的是，骨頭能告訴我們的資訊有限。或許，有天科學技術再成熟，會有其他調查的方法及工具，能破解更多像甘迺迪總統被殺這樣的疑案。

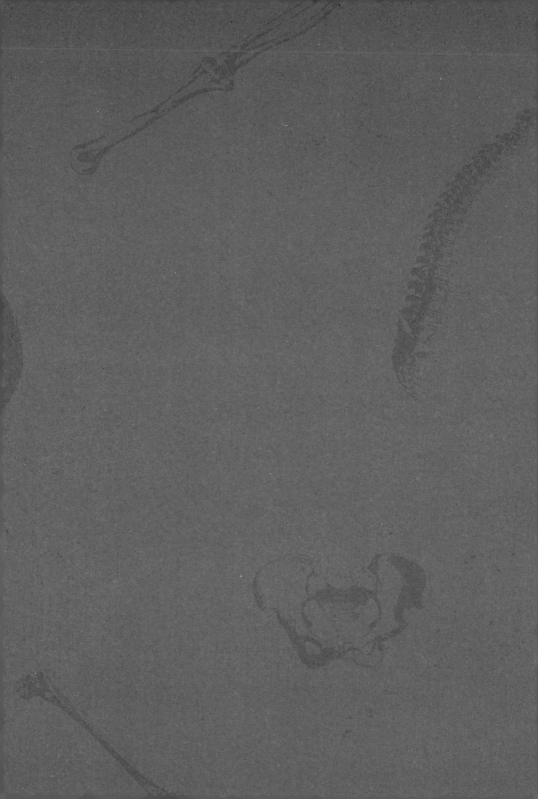

The Bone Room

Chapter 6

/ 鐵達尼號與鬼船：揭開水中腐化迷思

二〇一八年中，不同國際媒體都報導，數艘「鬼船」(Ghost ships) 相繼出現於日本海域，並推測船隻來自北韓。其中，一艘發現於新潟縣佐渡市的鬼船載著一具男性骸骨，並於二十四小時之內有民眾於其沙灘附近發現另一具骸骨。後來，亦在另一方的秋田縣發現一艘載有八具骨骸的破爛木船。

日本海上保安廳把這些「鬼船」與北韓扯上關係，源於發現第一具遺骨時，於現場發現同時「遇難」的北韓煙盒，及以韓文為主的救生衣等物件。按照報導，屍體已經變成白骨，相信已經死去一段時間。

那到底一具屍體，在水裡如何會腐化到白骨的階段呢？

首先，先讓我們了解一下一般屍體腐化的過程。有關屍體腐化的程序可嚴格的分為七個階段。這是一個非常概括的分法，不同學者會有不同的分段方法。而這些特徵在屍體上出現的速度會按照四周的環境因素而有所不同：

一、死者膚色變白 (pallor mortis / postmortem palness)

二、屍斑出現 (livor mortis)

三、體溫下降 (algor mortis)
四、屍體僵硬 (rigor mortis)
五、內組織腐化 (putrefaction)
六、屍體腐化 (decomposition)
七、骨頭化 (skeletonization)

一般屍體腐化的變因及過程

由於腐化速度多變，研究其受影響的變因可以幫助執法人員盡快斷定死者的死亡時間 (postmortem interval) ——從死者死亡的那一刻到屍體被發現的時間。而法醫一般會接手處理的為前五個階段，而法醫人類學家參與的主要是階段六及七。屍體腐化的多樣性一般都是於第五及第六個階段時發生變化。其多樣性及多變化往往令專業人士，例如執法單位、法醫師都有所卻步。屍體腐化（decomposition）主要由「自我消化」(autolysis / self-digestion) 及「內組織腐化」(putrefaction) 兩個過程組成。

接下來講解的時序都只是一個概論，屍體腐化的速度會按著屍體的體型、環境因素、屍體有衣物覆蓋與否有所影響：

一、第一週

屍體的顏色一般會由灰色慢慢演變至綠色，而這種色變會先由盆骨兩側 (iliac fossa) 開始。由於腸臟器內的細菌在心跳停止後，會在酵素的協助下自動分解血紅蛋白 (hemoglobin) 成為硫血紅蛋白 (sulfohemoglobin)，以及綠色色素 (the green abdominal stain)。

這些細菌會慢慢地從腸臟處，輾轉分佈至整個腹腔及上方至喉嚨等位置。同時，它們與酵素的化學作用會產生氣體，因此部分於早期腐化階段的屍體腹部會腫脹。腐化的汁液也會導致屍體臉部及頸部腫脹，有時候更會造成猙獰吐舌及眼凸這些恐怖畫面。這些臉部變化都令執法機關，甚至法醫師不能單靠樣貌去辨識死者身份。

然後細菌會慢慢入侵屍體的血管，使血管裡漸漸變成綠色，過程會讓屍體形成類似大理石紋理 (marbling) 的效果。最後屍體的表皮會慢慢剝落，繼而使套取指紋有困難。

二、數週內

屍體腫脹(bloating)是因為屍體腐化時產生氣體所致，可說是「早期腐化」(early decomposition)及「進階腐化」(advanced decomposition)的分界線。這是由於內組織腐化(putrefaction)，將平常需要氧氣(aerobic)才能成長的細菌換成無氧(anaerobic)的。

由於細菌於屍體內的化學作用產生了大量的氣體，這些氣體於體內造成的壓力能把屍體體內的排泄物（即大小二便）推出體外，這些氣體亦會把一些體液透過不同的氣孔排出體外。亦因體液有機會帶著血，因而產生吐血的錯覺。

屍體的綠色會慢慢變成深啡色，繼而變黑。如前述因為組織腐化而產生的液體及氣體會令屍體頭部及頸部腫脹，這症狀被部分學者稱為「黑人頭」(blackman's head)，令屍體辨認難上加難！這個時候如果單憑視覺效果判斷，都會誤判死者為體形龐大，但實際上那是因為腐化而產生氣體造成的假象，令屍體猶如充了氣的氣球。這個時候，屍體已經獨立成為了一個生態系統，透過因為腐化的氣味及軟組織而吸引了母蒼蠅（calliphoridae，也稱「麗蠅」），牠們會在帶水分的器官及傷口產卵，並同時為外界空氣中的細菌打開了通道，進入屍體分一杯羹！

三、後期腐化

蒼蠅幼蟲，即屍蟲，經過三次蛻變後，會變成蒼蠅，牠們就對這具屍體沒有興趣了，反而會吸引其他動物及昆蟲。被吸引的動物的次序有一個大概的規律，但多半按環境來決定。被吸引過來的動物不全是以屍體為目標，有些動物只是純粹漁人得利，捕捉其他昆蟲或動物。

四、骨頭化

「骨頭化」指屍體上的絕大部分軟組織都已經跟骨頭自然脫離。進入此階段時，法醫人類學家可以直接分析和研究骨頭，當然這是最理想的情況，但現實是在同一具屍體上有可能會出現不同程度的腐化階段，而只有其中一部分才是骨頭化。最經典情況通常是頭顱已經完全骨頭化，四肢已經木乃伊化，而背部已經「皂化」(saponification)——亦即被一般簡稱為「屍蠟」(adipocere) 的物質包裹著。

屍體到底需要多少時間才能變成骨頭，其實是一個比較複雜的推算。一般研究都指向較熱及潮濕的天氣，能令腐化速度加快，繼而變成骨頭的機率較高。另外一個考慮因素是屍體有沒有被埋葬？有學術文獻指出如果屍體被埋葬於一個溫暖氣候的地方，撇除土壤類型、埋葬深度等因素，屍體仍有機會按照直接暴露在空氣中的腐化速度變成骨頭。在屍體變成骨頭時，所有軟組織（包括關節之間的軟骨）都會腐化及分解，之後會出現「關節分離」(disarticulation) 的情況。關節分離的情況其實十分常見，特別是那些簡單暴露在外的屍體。因此，就算找到一具完整的屍體，由於軟組織已消失，每一塊骨頭都不是連接起來的。

換句話說，**屍體腐化速度的快慢取決於周遭空氣的溫度及氧氣度！**如果在一個潮濕而溫度高的地方（視乎環境的組合），有不同的案例指出屍體可以於兩星期內完全變成骨頭，甚至有極端案例發生於極度潮濕的地方，使各類型的昆蟲有機會接觸屍體，屍體於三天內完全腐化成骨頭。在正常的情況，一般只需要十二至十八個月的時間就可以讓屍體腐化成依然帶著肌腱的半骨頭化狀態；約三至五年，屍體則可變成「乾淨」的一整副骨頭。但如果你以為按道理推論，雨量極多的地方腐化速度會相對地快，那就錯了！雖然雨量多的地方濕度也相對高，但同時雨水會沖走蒼蠅的卵，間接地減慢了屍體腐化速度。同樣道理亦能套用到風大及寒冷氣候地區。

影響水中腐化的因素

假設一個人死後被棄屍於水中，屍體會先由頭至腳於十二小時內僵硬起來，並會於棄屍後的二十四小時內再由腳到頭回軟。當屍體放在水裡，無疑是減低了昆蟲接觸屍體的機率，但水裡有著自己的生態系統，有自己的「屍體狩獵者」。

於二〇一四年，加拿大研究團隊利用豬的屍體，做了一個有關於屍體於水中腐化速度的研究。研究人員把豬隻的屍體綁上監測鏡頭，沉到水底裡。鏡頭拍攝了很多有趣的影像，其中不乏的是有不同種類的水中生物例如：蝦、龍蝦（Squat lobsters）、蟹（Dungeness crabs）！因此，有時候會於某水域或水源找到只有一隻腳的肢骸，都可以歸咎於這些於水裡的屍體腐化系統的重要角色。

水的溫度也可以是一個屍體腐化速度快慢的重要因素。按照各方學者研究，屍體於暖水會腐化得較冷水的快。所以，如果屍體被發現於冰川附近一帶，腐化速度跟一般亞熱帶的水域已經很不一樣。除此之外，屍體棄置在淡水水域抑，或是鹹水水域對腐化的影響也極大。簡單來說，於淡水水域的屍體會腐化得較快，相反於鹹水內的屍體，因為鹽分會幫忙抽乾屍體裡的水分，繼而減慢腐化速度，因此能保存得較好（亦即需要多一點時間才能腐化）。於上述實驗中的三頭豬，其中以第三頭被消耗的速度為最慢，全因當把第三頭豬放到水裡時，該水域的氧含量比放置第一及第二隻的水域更低，因而間接影響到「賓客」的出席率，繼而影響盛宴的消耗率。

一般來說，在軟組織接觸水後，DNA 就不好抽取，甚至因為浸於水中，一般的指紋辨認身份都未必有用，使辨識屍體身份的難度異常的高。不過，如果骨骸是沉到海底深處，由於深海的氧氣含量相對地低，因而能有效阻隔空氣，以達到保存骨頭的效果。

簡單來說，只要屍體處於水中，都會比屍體暴露於空氣中腐化得慢，這是由於水中的溫度相對地低，以及水中含氧量不及空氣高，減低了昆蟲及狩獵動物接觸的機會。如果水溫較低，屍體的發脹程度會沒那麼厲害，亦能減慢內組織腐化，繼而令整副屍骨保存得比較完整。相反，在水溫相對地高的情況下，屍體的手腳很容易發脹，屍體甚至會手腳分離，頭髮、指甲及皮膚表皮亦會脫落。

屍蠟木乃伊

而屍體被放於水裡，除了會依正常腐化般化成白骨，更有機會被「屍蠟」(adipocere)包裹，繼而異常地保存屍體。

屍蠟，可以說是腐化過程的製成品。它把屍體（或人體）體內的脂肪透過「皂化」(Saponification)轉化成為肥皂般「滑溜溜」的物質。再具體說明些，屍蠟只能於一個溫暖、濕潤、鹼性的環境，使脂肪接觸到厭氧性(Anaerobic)細菌繼而產生的一個化學作用中產生。這種特定的環境要不是泥土裡，就是水裡。至於這幾個養分的比例，甚至到底是甚麼誘發皂化作用，到目前仍在研究當中。屍蠟在形成時偏軟，顏色比較灰而且感覺油油的。隨著時間遞增，屍蠟會乾硬起來，並且比較脆，容易有裂痕。皂化作用產生的屍蠟會完整的包裹著屍體，把屍體變成肥皂做的木乃伊！以屍蠟製成的木乃伊，隔絕了空氣等加速屍體腐化的條件，因此能夠完整保存屍體。

歷史上比較出名的兩具屍蠟木乃伊是 Soap Lady 及 Soap Man，其中 Soap

Lady最為大眾所認知。據說，當初是由於有水湧進Soap Lady的棺木裡，就催生了皂化作用。一九八〇年代後期，研究人員利用X光推斷出Soap Lady死時約二十多歲，而從X光上看到一些衣飾鈕扣提示，她曾生活於一八三〇年代。現在被展出於美國賓夕凡尼亞洲的Mütter Museum博物館內。

沉船事件中的罹難屍體

說到海難，不得不聯想到「鐵達尼號」事件。「You jump, I jump.」為一九九七年《鐵達尼號》電影的金句之一，就算沒有看過這部電影，都必定曾被其主題曲「洗腦」。於二〇一二年，剛好是現實版的鐵達尼號(RMS Titanic)沉船的一百年。一九一二年載著超過兩千兩百人的鐵達尼號撞上冰山，船上約一千五百名乘客及船員連同船身一同沉到海底，只有七百名生還者。

但，你又有沒有想過那一千五百名罹難者的屍體到哪去了？

不是所有的罹難者的遺體都沉入海底。一千五百名罹難者，到底有多少是沉到海底去？當中又有多少穿上了救生衣，在海面漂浮十多分鐘後死於「低溫症」

(hypothermia)?又有多少因為船身撞擊沉沒時，被掉下的碎片擊中受傷而失救死亡?說實話，我們永遠都不可能知道確實的數字。

又，約有三百四十具屍體被發掘於船骸裡。那就是說依然有一千一百六十具屍體自沉船後便沒有再出現，但這不等於它們都在海底。了解當時鐵達尼號的屍體搜索過程 (body recovery) 可能會給我們一些頭緒。

首先，第一艘搜索船 The Mackay Bennett 於沉船意外發生後的三日開始從加拿大 Nova Scotia 出發，於意外發生後一星期才到沉船發生地點。當搜索船到達的時候，雖然說海水有助減慢屍體腐化，不過只限於浸在海水中的部分。至於暴露於空氣的部分，依照著平常人體的腐化速度，加上很多鳥類的幫忙，可以加速「處理」這些漂浮於海面的「糧食」。畢竟，這是一個汪洋大海！雖然很幸運地，這一次的搜索大部分屍體都依然「整齊」，沒有過於零散分落。The Mackay Bennett 搜到共三百零六具屍體，另外兩艘船則搜到共二十具屍體。而一個月後，一艘船約於沉船位置的三百二十一公里外，找到一艘小船載著另外三具屍體。

關於搜索到的屍體處理方面，他們把那些面目全非，覺得不能辨認的一百六十六具屍體，以布料包裹後，綁上鐵塊，送回海裡。剩下的幾百具屍體，他們於搜索船上為屍體進行防腐，並放到棺材裡面。在加拿大負責處理這些屍體的殯儀社名為John Snow Funeral Home，他們用了當時一個溜冰場作為臨時殯儀館，而最後有一百五十名死者在沒有被確認身份的情況下就入土為安。

當然，如在電影中看到，某些居於下層船艙的乘客可能因為逃離不及而被困在船裡面。可是，沉船後，有大量的氧氣透過水流帶入，因此屍體依然會腐化。加上前文提及的深海獵食動物群會慢慢吃掉屍體。至於，如果說有船員於沉船時困在引擎室，就有機會依然保存起來，沒有腐化。雖然，電影版中的專業指導及顧問都先後說他來回了船骸超過三十次，從沒有看過屍骸。不過，因為都死於海洋裡，相信我們依然會陸續找到相關的一些物件甚至骨骸。就看看大海打算什麼時候會把鐵達尼號餘下的部分送到我們手裡。

回到文初的「鬼船」事件，雖然骨骸周邊的物件，提供了木船及船上的人有可能來自北韓的線索，但依然沒有查出導致事件發生的原因。猜測是因漁船設備相對簡陋，漁民於海上有任何事故甚至缺糧，都只能等待救援，最後可能失救而死。

「鬼船」一詞為整件事添上了幾分神秘色彩。但現實是，於棄船甚至沉船裡發現骨骸已不是鮮鮮事，前幾年南韓的「世越號」便是其中一例子。世越號於二〇一四年年中於南韓西南部水域沉沒，造成三百零四人死亡，當中有五名罹難者至今仍未尋獲遺體。在二〇一四年十一月月底，未尋獲遺體的家屬最後決定為罹難者舉行悼念儀式。同一周內，遺體搜索隊被揭發隱瞞找到罹難者遺骨。而早前找到的沉船船骸中，更有疑似還沒有完全腐化的屍骸。（正如於之前提到，屍體棄置在淡水水域抑或是鹹水水域對腐化的影響極大，世越號沉於鹹水水域，鹹水因為鹽分幫忙抽乾屍體裡的水分，繼而減慢屍體腐化速度，因此與淡水相比保存得較好。）

得不到答案，未知生死是一份精神上的折磨。

「世越號船難」一事不知不覺已經五年的光景。但有關於打撈時的醜聞依然不斷被曝光，搜索隊伍竟然疑似因想早日結束工作而隱瞞找到遺骨的這種行為非常不專業，家屬都等接近兩千天的光景，只希望換來一個答案。有些人會覺得「人死都死了，有沒有答案都無所謂吧。」但從很多戰後、曾經出現種族滅絕、屠殺等地區的訪談中，引述多個大屠殺生還者及家屬的觀點，他們都認為得到答案是一個里程碑，代表可以開始悼念、哀悼自己的親人，努力走下去。即使，答案未能如意，但至少能把心中那空洞的一塊填滿一點。

The Bone Room

Chapter 7

／外星人？顱骨長「角」？

於二〇一八年六月中下旬，一段有關於秘魯發現疑似外星生物「三指木乃伊」的影片於網路上流傳，我亦收到很多朋友及讀者的影片轉發，似乎大家都很想知道到底這個「驚世大發現」是否為事實。

大家執著的點是認為此木乃伊只有三隻手指、三隻腳趾，且長度都跟我們人類不一樣。另外一個論點是，此木乃伊的頭的長度，比一般人長。頭骨上有著大眼睛，卻沒有耳孔及鼻孔，如果有看過原本的「調查影片」也會發現專家有說從X光片看來，這個木乃伊缺乏了下顎，令「木乃伊」在生時不能像我們一樣咀嚼。這聽起來，理據好像很充分，但從我的角度及觀看了所有與調查有關的影片後，認為所謂的「發現」其實疑點重重。

在原本的「調查影片」當中，一名X光專家指出從頭骨的X光看來，顱骨上沒有「縫線」(sutures)的痕跡，證明這個頭骨不是偽造的，而頭骨的長度跟我們平常人類的頭骨很不一樣，絕對不是人類擁有的「特徵」(humanlike)。

重塑頭骨文化

如果有聽過我於不同場合的講座或分享，都會發現我不停拿著秘魯的一些有關重塑頭骨的考古發現，來解釋人類學於分析不同地域的骨骸發現的重要性。說實話，影片中所謂的「長頭骨」其實屬於「前哥倫布」(pre-Columbia)[1]時期的一些文化習俗。當時的風俗流行把頭骨重塑，以符合他們的審美觀及社會地位等。此舉其實與古埃及的風俗很像！而一般你在Google搜尋關鍵字如「alien skull」或「human-hybrid skull」，得出的長頭骨都多半來自前哥倫布時期的「帕拉卡斯文化」(Paracas culture)[2]。這個古老的歷史文化風俗突然被我們後世所「認知」及誤解，全歸功於二〇〇八年的電影《印第安納瓊斯：水晶骷髏王國》裡面的水晶骷髏頭。

1 為指十五世紀晚期哥倫布與其他歐洲人抵達美洲大陸之前，發展到北美洲，南美洲及中美洲的美洲原住民原始文化。

2 以帕拉卡斯半島為中心的文化，即今秘魯南部伊卡大區附近。

人的頭顱是一個很特別的部分，在成長後會變得堅固、堅硬。但在出生時，為了順利通過媽媽的生產通道 (birth canal)，並為了方便出生後繼續發育成長，嬰兒出生時的頭顱都比較軟，頭顱骨還沒有長在一起。也就是說，外界的力量可以改變嬰兒出生後頭顱的形狀。而曾幾何時，改變嬰兒的頭顱形狀是一個潮流！按照古希臘的醫學家希波克拉底 (Hippocrates) 於公元前四〇〇的著作寫道，有意圖重塑嬰兒頭顱形狀是社會地位的象徵，而在秘魯及埃及，都相繼找到類似的做法。

重塑嬰兒頭顱形狀是壓力痕跡的一種，必須要在嬰兒出生後的十二個月之內完成。這段時期的頭骨還非常的軟，家長長輩們都可以用各種的板、綳帶、甚至定期的頭部按摩去控制頭骨生長的幅度。在美國原住民的時代，塑造頭顱形狀是精英份子的記號。同樣在十九世紀的北美，平坦的額頭代表著自由，而圓一點的額頭則會被輕視。從文化角度看來，塑造頭顱形狀似乎代表著一個「未完成的自己」——一個覺得新生兒必須要再改善加強的信念。

其實你我小時候可能都不知不覺的「被塑造」！記得小時候我們經常都被平躺的放在床上睡覺嗎？二十年之前，一些西方國家的醫學人員都建議這個做法，目的是防止及減少嬰兒睡眠窒息。因睡眠窒息而死的嬰兒數量的確減少，但卻增加了「扁頭綜合症」(Flat head syndrome／Plagiocephaly) 的數量。有些機構更見到商機，設計了能塑造頭形的頭盔呢！

頭顱塑形跟植入物都是藝術的一種，有人覺得美時亦有人覺得很噁心。電影《印第安納瓊斯：水晶骷髏王國》中的水晶骷髏頭，是按照古時秘魯的頭顱塑形概念衍生的。所以，人類學中特別有一分支專門研究頭顱的象徵意義，而當中有學者從神經外科角度切入，特別有研究到當中的罕見病理症狀——「顱縫癒合過早症」(Craniosynostosis) 會令頭顱形狀改變。這個症狀主要是由於嬰兒的頭骨縫提早了癒合（一般要在一歲後才開始），而腦部還在生長，造成腦內壓上升，繼而影響小孩腦部的能力及各種生活能力。科學研究後來提出了幾個方案去處理這種病症，研製了不同的植入物，希望可以改善患者的情況及外觀，重要的是幫助患者生活重回正軌。研究頭骨狀況、各個社會其獨有的文化及病理，都對法醫人類學家在辨認身份時有很大的幫助呢。

數百年來的人體「改造」

歷史上因為追求當代價值觀的「美」而改變身體外觀的例子很多，譬如：中國的「三寸金蓮」、十九世紀的馬甲束腰，以及到今天都可以在泰國北部清邁找到的長頸族。

長頸族（Karen People）的族民多是來自緬甸的難民。外界多半對他們的評價或認知通常是單就表面了解的「有著奇特的審美觀」，而看不見中間的歷史、政治及社會問題。他們的這個村落甚至更曾被西方媒體稱為「人類動物園」（Human Zoo）。到現在為止，文化研究或相關對其骨骼的研究少之又少，所謂的研究多半只是一些寫給旅客看的文章。

於有限的文獻裡寫的是長頸族的女性約從九歲開始戴九層，即約一點六公斤重的黃銅頸圈（除了於星期三出生的，傳統上要從五歲開始戴）。約每四年會加圈一次，於青春期完結之前會加到共五公斤重，而換頸圈這件事一生中會發生約九次（即約到四十五歲）。此時，頸圈約重達十三到十五公斤，三十二圈。不要以為每次加圈都只是另外再加上新的圈數，而是整個金屬圈換掉啊！但這麼重的金屬圈看來會把頸

「拉」長，其實是錯覺！學者從 X 光片中得知，其實是因為金屬圈重量把兩邊的鎖骨 (clavicle) 都向下壓，所以到後來的頸圈都是架於肋骨上。與此同時，頸圈亦令下顎骨 (mandible) 永遠提高，影響上下顎生長、臉部生長及比例等。所以，有研究表示，他們的臉長度亦比較短，影響了牙齒整合等口腔狀況。

於二〇一五年，美國洛杉磯一名叫 Sydney 的女士，愛上了這個戴頸圈的習慣。她的脖子已經被拉長了十二點七公分，共戴了十六個圈。她在開車及停車時已產生問題，因為頭不能轉動。另外，此亦改變了她的飲食習慣。雖然醫生不停勸告她要停止戴頸圈，但她不願意。學者曾以結構性暴力框架的模式探討戴頸圈、紮小腳及穿馬甲束腰等文化現象。研究從生物考古學角度切入，以骨骸去分析這些加持於女性身上的社會標準，反映了當下社會意義及政治結構。最後 Sydney 亦在二〇一八年捨棄了這個戴頸圈的習慣，開始踏上了復健之路。按照最後的訪問，她的主診醫師也表示只要透過復健，Sydney 的頸部肌肉可以恢復到健康的水平，對她之後的生活都不會構成太大的影響。

當然打著「美」的旗幟去對身體做一些改變並不一定全是背後的原因。在英國曾找到一副十九世紀的英國男子的骨骸，他身上亦有穿著過馬甲的痕跡。須知道，在十八、十九世紀，英國社會隨著工業革命起飛。這個革命更成為現代時期的分水嶺，隨著工業發展，經濟亦好轉，可是並沒有改善到當時的衛生環境，而其中的一些影響都默默地被刻寫在骨頭上。因為城市居住人口突然變多，傳染病容易散播，其中以肺結核肆虐最為嚴重。

肺結核於十九世紀的英國奪取了當時三分之一人口的性命。肺結核主要攻擊肺部，但亦可以透過血液擴散至骨頭上，特別是脊骨。一來是由於脊骨比較接近肺部，二來是肺結核的病源迷戀製造血細胞的組織，而該組織就在脊骨。肺結核可以造成脊骨扁塌（vertebrae collapse），亦稱為「脊柱結核性彎曲」或「博特氏病」（Pott's Disease）。而這具英國男子的骨骸就展示了這個病症的症狀，按照當時的做法，很多骨科醫生都會叫病患穿起馬甲以改善姿勢。當然本來穿馬甲就有滿足社會對體態要求的概念：女的要腰細，凸顯胸部及臀部線條，而男的則要凸顯寬橫的肩膀及腰細。

從古代骨骸一探現代疾病的起源

從古病理學研究來說，對考古出土的人骨的病理分析，創傷及壓力痕跡改變研究是非常重要。它們都是探索現代疾病起源及演變的重要線索。同樣，亦因為是考古出土的「文物」，能用的多半都是骨骸，幸運一點的可以是木乃伊。所有的點點滴滴都反映及提供了能探索古代的生活方式、環境、健康等資訊。骨頭的創傷亦展示古代的風俗習慣、政治等寫實的生活細節。一個人的一生能夠於骨頭留下永不磨滅的痕跡，體質人類學家及生物考古學家致力不停研究，希望能從骨頭中找出線索，這些關於先人的線索不只限於飲食及病症，更可以是一個人每天日常生活甚至是職業留下的痕跡。

舉個例子，我們兩條前臂骨中的尺骨 (ulna) 的大小，會與投擲東西的頻繁度有關係。在以生物考古學的角度，這可以經常在以前以擲矛獵食的獵人前臂上看到，他們骨頭上與肌肉的結合點都會比較明顯而且突出，以證明該處的肌肉比較發達。反之，如果放在現代人身上，則多半於棒球的投手前臂上看到。這是因為在脛骨上的旋後肌脊 (supinator crest) 有過度發展 (hyperdevelopment)。這個部分過分發達就代表肌肉比平常人的健碩。按照解剖學中的「沃爾夫定律」(Wolff's Law)：骨會適應所在部位需承受的負載；如果負載適當地增加，骨骼也會慢慢變強壯來承受重量。這定律不只適用於骨頭，亦適用於肌肉。因而可以推斷骨骸主人的慣性活動甚至職業。

又如，於小腿脛骨(tibia)近腳跟的末端、盆骨及膝蓋若看到與其他骨頭有不尋常的接觸面，都可代表這個骨骸的主人有經常蹲的習慣。這種種都只是各個生前指標的其中之一，而美國就有法醫人類學家Dr. Kenneth A.R. Kennedy以研究制定出一份清單，列出了共一百四十個不同因為工作或日常活動而於骨骸上留下的痕跡(occupational stress)。這些都是可以協助考古學家重組幾千年前前人的生活習慣，同時間也是現今法醫人類學家鑑定身份的好工具。

如果你問我，我們子孫以後會在我們的骨骸上找到什麼這個時代留下的線索，我覺得在若干個年代後，我們的後代可能會找到這個年代的骨骸於頸椎都有過度磨損，或俗稱「低頭族」(text neck)時代的骨骸。「低頭族」的脖子因為長期承受著人頭的重量[3]，造成提早虛耗、骨頭磨痕，甚至需要以手術整治。有醫學人員說過，你每低頭約二點五公分，在背脊的壓力就是雙倍！以角度來算，低頭約六十度的重量為二十七公斤（約等於一個八、九歲小孩的重量）。你能想像每天放一個二十七公斤的小孩在你的脖子上至少幾個小時嗎？

使頭骨長角的現代文明病？

說到有關我們這一代因為生活習慣會在骨頭上留下的痕跡，二〇一九年的六月一篇「有趣」的新聞，報導了有關「顱骨因為長期用電話的關係而長出了一隻角」的故事。在看到報導後，立刻追蹤來源——英國 BBC 在二〇一九年六月十三日發表了一「深入報導」指出在過去數十年，解剖學家、醫生及人類學家在人的骨頭上發現一些變化。其中一個報導就是引述刊登於《自然：科學報告》(Nature: Scientific Reports) 中由兩名澳洲學者 David Shahar 及 Mark Sayers 發表的研究報告，而這份報告據理解是他們在二〇一六年於學術期刊 (Journal of Anatomy) 發表文章的延伸。

在其發表的文章中，指出他們共檢查了一千兩百名年齡八至八十六歲人士的 X 光片。他們的 X 光片都是在同一所脊醫診所裡面照的，而當中更有一些是因為頸椎疼痛而前往就醫。利用這些 X 光片，Shahar 及 Sayers 兩位研究人員量度了位於接近枕骨 (occipital bone) 底部的「枕外隆凸」(external occipital protuberance，簡稱 EOP)。EOP 顧名

3 人體的頭部重量約是體重的 1／10。

思義是枕骨外接近底部中間的一個凸起點，協助固定項韌帶 (nuchal ligament) 的頂部，而這韌帶會一直延伸到第七塊頸椎／最後一塊頸椎的位置，協助頸部靈活度。在解剖上或是人骨學上，任何一個肌肉、肌腱及韌帶與骨頭連結的點都是稱為「肌腱端」(entheses)。因此，這些位置的骨頭大小會按照這周遭附近的肌肉及骨頭發達程度，甚至是因為病理及創傷而有所影響。

在這兩位澳洲學者二〇一八年的報告中，他們指出性別是推斷 EOP 的大小最重要的原因。報告中他們表示按照其統計，發達的 EOP 出現在男性身上的比例比女性的超出五倍之多。這個發現對於終日與人骨為伴的生物考古學家、法醫人類學家及古病理學家來說完全合理。事實上，EOP 一直都被這些專家用來做性別推斷的其中一個條件及指標。從過往的研究得知，EOP 的出現多半在男性標本上較多，主要是因為兩性的肌肉發達程度有差距。

不過，此研究讓 EOP 看來有了「新的意義」。研究推斷因使用現代科技產品，特別是智慧型手機等影響了我們的姿勢，使顱骨上的一些特質，如 EOP 過份發達甚至開始損耗。這份研究的推論及分析衍生了報導如《華盛頓郵報》：「年輕人的頭骨上長出角！研究認為，應該歸咎於使用手機。」這種如此令人類學家哭笑不得，甚至非常憤怒的標題！

EOP的大小，甚至凸起的程度可以受基因、創傷等影響。當然，從另一個角度去解釋可以是因為長時間低頭而為肌肉添增了壓力，繼而使EOP變得比較發達。但是，另外一個重點是EOP的大小甚至發達程度，很多時候都會與年紀有影響。換句話說，隨著年紀增長EOP也會有可能越來越發達，因此對於簡單估計年紀的範圍比觀察肌肉長期受壓與否來得有效。至於要去研究青年人及小孩是否有EOP發達的風險，必須要再另外設計研究個別年齡層的實驗以了解這個問題。但以目前兩位澳洲學者的這個研究看來，此結論依然言之過早。

我們人的頭顱其實真的頗重的。但從文明及社會演變以來，人們一直保持著低頭工作的方式——現代的就是手機，以前的則是書本。無論滑手機還是低頭看書，對頸椎都有一定的負荷，而這些因素都是導致頸椎骨質增生，甚至頸椎關節炎等情況的發生。因此，與其擔心因為滑手機而讓小孩「後尾枕」長角，倒不如想想自己平常生活的習慣有沒有「用頸過度」。如果有的，舒緩一下甚至躺下讓肌肉放鬆吧！

三指木乃伊的謎底……

回到文初提及的三指木乃伊，影片中提到這具木乃伊的樣本有拿去鑑定到底這是什麼時期的「生物」。碳-14的鑑定結果顯示這具木乃伊來自公元前二四五至四一〇期間。而這段時間恰巧是橫跨納斯卡文化（Nazca culture，公元前三〇〇至七〇〇年）[4]的全盛時期，影片中的專家卻沒有就這個鑑定來比對當時的秘魯納斯卡地區的文化，而不停的重覆地說著此木乃伊不是人類，令我大惑不解。

周星馳星爺的電影《鹿鼎大帝》裡面司儀有說到會不停地一而再、再而三地解剖天外飛仙，目的是希望專家可以看清楚天外飛仙的結構。而「三隻手指」這個論點於「調查影片」裡亦不停重覆又重覆，重覆又重覆地提及，目的是希望大家都記住這骸骨有著不同數量及長度的手腳趾。

由於影片中沒有展示這木乃伊的手部X光片，我先暫不評論這具木乃伊的手。不過，在發現這具木乃伊前幾個月，秘魯的一條沙漠隧道發現了一隻同樣是三隻手指的手。這隻手的手指每隻約二十公分長，指尖有指甲。秘魯當地專家研究後發現其實是人為造成的——從X光片上可看到除了從指尖開始數起的三節外，其他的骨頭排位都不是按照平常的解剖體位排列。這一隻手指裡至少有兩隻手指的骨頭在內，其中一個說法是把原有的另外兩隻手指重新排位，造成三隻長手指的效果。

除了以上三點，有人可能會覺得木乃伊上的白色「粉漆」很奇怪，這其實是樹脂的一種，在製作木乃伊時能夠幫助脫水。由於當地獨有的氣候，因此看上去白白的。利用樹脂製作木乃伊亦能於古埃及見到。如果你看原本調查單位發布的影片，可能都會半信半疑。他們更於暑假舉辦的一個有關木乃伊的學術會議 (The World Congress on Mummy Studies) 發表他們的研究及調查結果。最後是，大會除去了他們所謂研究的可信性，並說：木乃伊研究是一門科學，當中沒有任何偽科學可以站立的空間。(Mummy studies is a scientific discipline and there is no space for such claims pseudoscience.) 當中的可疑之處不止這幾個，如你有興趣，可以於 Gaia 觀看原本的調查影片——Unearthing Nazca。

最後，這具木乃伊的 DNA (Lakehead University Paleo-DNA Laboratory, Canada) 報告於二〇一八年九月底出爐！答案是——人類！

4 出現在祕魯納斯卡地區的古文化，以納斯卡線而聞名於世。

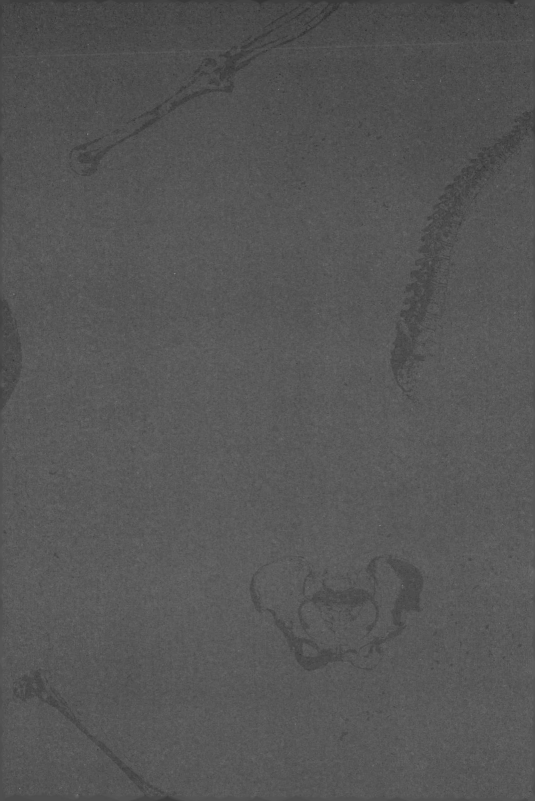

The Bone Room

Chapter 8

/ 珍珠港的餘音

遺忘死者猶如二度殺死他們。

To forget the dead would be akin to killing them a second time.

——埃利．維塞爾《夜》(Elie Wiesel, La Nuit)

在二次世界大戰的若干年後，一具具陣亡於美國馬里亞納群島(Mariana Islands)的日軍骨骸相繼被送回日本安葬。可是，超過一半送回日本的屍體是沒有頭部的。這些消失的頭顱，在經過追查後發現是被當時負責殺他們的美軍割下，成為他們的戰利品。在割下之後，這些頭顱都會拿去煲煮，以去掉軟組織，留下乾淨的頭骨。這些戰爭紀念品並不只是用來自己欣賞，他們更會把這些頭骨郵寄送給自己心愛的人。有些士兵更會用來作為軍營裡的裝飾甚至指示牌。最終，美軍已禁止這些「戰利紀念品」離開軍營。根據《日內瓦公約》(1949 Geneva Convention)[1]，此等行為是屬犯法。話雖如此，這種行為依然持續了整個戰爭時期。

以割下敵軍陣亡士兵整個頭部作為紀念品的原因，大部分是因為美國當時覺得日本人與他們相比，相對地不是與其相等的人類。當時的美國媒體會以「黃種人」(yellow men) 稱呼日本人，並覺得日本人不及美國人般聰明。最後，由於珍珠港之役，讓反日情緒更為嚴重。

美國從頭到尾都沒有打算參與戰爭，一直到珍珠港事件後。而此事件更讓美國人覺得日本人是打從骨子裡的惡魔。亦因為這些內在的潛意識，使當時參與戰爭的美國人，都以爲國復仇的心態去處理甚至劊除日本士兵。同樣地，亦覺得割下敵軍的頭顱作為紀念品也是適當的行為。雖然以頭顱作為紀念品的做法比較常見，甚至是士兵們較為喜愛的做法，但不等於戰死日軍的其他身體部位就能倖免，包括：手臂骨、牙齒、耳朵及鼻等都是常被取用的「材料」，加工後製成首飾及煙灰缸等擺設。

在珍珠港事件及世界大戰的最高峰，美國的代表曾經以日軍士兵手臂骨製成拆信刀送給當時的羅斯福總統。這份禮物燃起了日本的一股反美情緒。羅斯福總統最

---

1 《日內瓦公約》為一九四九年於日內瓦由全球多國共同簽署，為國際人道法的基礎，內容為戰爭時期，對於傷兵、海上傷病員及船難者、戰俘、平民、戰俘應享有的各種人道待遇及保障。

後下令這塊骨頭必須要送回日本妥善安葬，風波才正式平息。而在戰爭過後，部分的紀念品頭顱及製成品都相繼被送回日本。直到最近的十年，這些頭顱及其主人終於差不多可以全部安息了。

南美洲的縮頭術文化

如果有參觀過歐洲部分博物館，也有機會發現有一些「碳黑色的展品」，標示著是來自南美縮頭術的製成品，參觀者都不禁讚嘆或驚奇到底這些是不是真的人頭。英國一家博物館亦有此迷思，於二〇一六年把其中的一個展品拿去做 DNA 測試。「縮頭術」一直被流傳於世界多處都有這樣的文化，但實際上暫時只有在南美洲亞馬遜盆地地區找到實物的記錄。

居住於南美洲厄瓜多境內的舒阿爾族 (Shuar Tribe) 原住民的縮頭術 (shrunken head) 風俗，一般都被西方國家視為不文明、暴力的行為。其實縮頭文化源於當地對於靈魂的信仰，他們相信一個人被殺後，他的靈魂會困在頭裡。舒阿爾族基金會 (Shuar Federation) 前主席 Felipe Tsenkush 指出已經在六〇年代正式廢除了製作縮頭。但他說明縮頭術是其獨有的文化，帶有勝利、權利及驕傲的象徵意義。他又指出因有時候這些頭顱是來自決鬥或戰爭中砍下來的敵人人頭，因此縮頭術的做法亦有實際用途——舒阿爾族認為如此能把敵人的靈魂封印，確保家人安全。

這些以縮頭術處理過的頭顱在舒阿爾語中名為「tsantsa」。戰士們相信透過儀式處理過的頭顱能夠癱瘓亡者的靈魂，防止它們為自身的死進行報復，亦同時將亡者的力量全轉移到殺死他的兇手體內。而要製作一個「tsantsa」大約需要下面三個步驟：

一、拆骨（Deflesh）

在戰事結束，收集好了頭顱後，首先要把頭骨取出。做法是會於頸背後雙耳的底部弄一個切口，掀開這塊皮，慢慢將皮從頸部向頭頂再向前方臉部拉，目的是要把頭顱及皮分離。在頭骨與皮肉分離後，頭骨便會被丟掉。然後，用利器（如：刀片或木）把臉部特徵的肉，耳朵及鼻的軟骨去掉。之後會把眼簾縫上，此舉有著防止亡者靈魂從眼孔看著你之目的。繼而把雙唇縫上，此舉則有防止亡者提著要報復的意思。按照目擊者的說法，此過程快的話可以於十五分鐘內完成。

二、燉 (Simmer)

以特製器皿取水煮沸後，把去骨縫製好的頭顱放到器皿裡燉煮一至兩個小時。取出時，頭顱會比原先下水前縮小了一點。再將頭顱內外反轉，把剩下的肌肉、軟骨及脂肪去掉後，就會把頸背的切口縫起。

三、後期加工

現在應該只剩下原本頭顱跟頸部的連結口。此時，會把熱沙及熱石從這個切口倒入頭顱內。加入熱沙石後必須不停把頭轉換方向，以防止過份拉扯頭皮使其變形。當頭部縮小到不夠空間放石頭時，會以沙取代。直到最後大小剛好時，就會以熱石加強臉部特徵，再吹乾。整個過程約六到七天左右。

完成製造「tsantsa」後，部落裡會舉行一頓慶祝盛宴。在這一切過後，縮頭術的製成品已經完成任務，很多時候都會被丟到河裡、森林裡，甚至給小孩作為玩具。對這些戰士來說，重要的是製作過程而不是製成品。而製作的人一般都是祭司，對象一般亦是男性，原因是以前上戰場的都是以男性為主。不過，這不是二〇一六年英國博物館得到的鑑定答案。被送去做 DNA 化驗的「tsantsa」最後得出的結果為女性。按照博物館的理解是，這本來是屬於一個祭司（shaman）的頭，由於她被邀去為一個小孩治病，最後失敗收場，小孩的父親就把她殺掉。為何事件的真相跟紀錄的差那麼多？

在十九到二十世紀，歐洲的探險家對南美族群的風俗感到異常好奇。他們把這些頭顱搜集後拿到歐洲，一方面是作為貿易之用，一方面說是用來搜集「不文明行為」的證據。但由於有如此熱烈的需求，當地人願意用這些頭來跟歐洲人交換武器（如：槍）。繼而，有部分的製成品是利用猴子、山羊的頭來仿冒仿製，又或是專門去殺害某些人用以得到頭顱去製作。這個商業縮頭術失去了原本的宗教及文化意義，反而連累了很多無辜性命，令南美洲的部分家庭與家人世代分離。英國藝術家 Ted Dewan 因此特意寫信給牛津大學的博物館（Pitt Rivers Museum）把自己的頭部捐出來做縮頭術的展品，以希望博物館會把現有縮頭術館藏全數歸還南美相關地區及其家人。

從偷屍賊到黑市骨頭買賣

透過亡者的肉體進行貿易及學習用途並不是新鮮事。因科學的不停進步，使屍體的運用方式於過去的四百年來日新月異。倒帶到十六世紀，醫學還只是用來簡單了解人體到底如何運作。文藝復興時期的藝術家 Andreas Vesalius 便非常不滿學生們透過解剖狗隻來學習人體結構，後來因為理解了動物及人體結構的分別，而開始認真以人體來學習解剖學，就衍生了從墓地裡偷取犯人屍體來作為教材的惡習。

因此在一八三二年前，使用被處決的死囚屍體是唯一一個合法途徑，以獲取屍體作為解剖之用。但是，供應量永遠都不能追上需求，所以有不肖商人看中此商機，「偷屍」這個行業就開始於黑市崛起。偷屍賊們都只會看準剛下葬、「新鮮」的屍體才去偷。把屍體偷到手後，就經過醫學院的後門交易。這些偷屍賊們被冠上一個稱號——「Resurrection Men」（中譯：復活人）。

由於教學上對屍體的需求急劇增加，在供應缺乏的情況下，「盜墓者」偷屍後以極高的價錢賣給醫學院牟利，甚至為此特地去殺人！兩位來自十九世紀蘇格蘭的商人，一共殺了十六人，並把他們的屍體賣給當地一位教授。之後陸續開始有捐贈遺體這種無私奉獻，才令此十八、十九世紀發起的「偷屍行業」成為絕響。

印度曾經為人體遺骸合法販賣的主要來源，尤其是骨頭。自十九世紀中段開始，印度已經建立了完善的骨頭貿易渠道，光是骨頭買賣已經有既定途徑——從偏遠的印度村落輾轉運送到世界頂級的醫學院。骨頭不是一種容易得到的教學資源，因為現今幾乎世界各地的政策都是在人死後，極速被妥善埋葬，而捐贈給科學研究的遺體，經常都送到醫學院的解剖實驗室。這些遺體的骨頭都會按照著教授的指示，分割成小件並在完成「無言老師」的角色後被火化。

因此，現今很多西方國家用作醫學研究的骨頭都是來自海外，有時候它們甚至沒有得到骨頭主人生前的同意及觸犯原本國家的法例。一九八五年，印度政府立法全面禁止人體器官出口，使整個骨頭供應鏈崩潰，即使西方國家轉向中國及東歐國家「求救」，依然難以消化其需求。

今天，此法例已經生效了三十多年，但是這些骨頭買賣其實從未停止。黑市供應商仍活躍在孟加拉西部，以「正宗古法」為買家提供人體骨骸、頭骨——盜墓偷屍！引述刊登在《波士頓醫療暨手術期刊》於一八五一年的文章，作者Charles Knowlton讚揚這種盜墓得到骨頭的交易，在衡量過盜墓的風險與從屍體上費力研究人體結構的益處相比，後者明顯優勝，他說這種渴望得到知識的力量是驅動醫學進步的動力！就算在今天，按照調查所得，在印度「新鮮地」從墳墓挖掘屍體的費用只需要一千盧比（大約相等於二十五元美金）。難道學習科學知識真的比尊重死者、及其尊嚴還重要嗎？

於二〇一五年的萬聖節，一家位於英國倫敦的酒吧就以真實的頭骨，作為店裡萬聖節特色飲料的酒杯。而於二〇一七年中更有新聞報導於一個印度小村落內，由警方發現共三百六十五件人骨。在經過雙氧水處理後會轉售給醫生及醫學院。警方相信這些骨頭都是來自河流中腐化的屍體，認為有人把屍體打撈起來再作處理經黑市轉售。

可能聽來我們對骨頭買賣較為陌生，但其實於發達國家的醫學生通常都會以數百美金購買醫學書籍甚至一小盒人骨標本。這些標本的來源，很多時候就是來自這未經許可的骨骸。雖然印度由於宗教或社會原因，屍體都會放到水上，如恆河由屍體自由腐化。這些經家屬放走的屍體是否就等於可以任用於其他用途上？暫時法例只有禁止銷售人體遺骸及器官以作移植用途，卻沒說明購買是犯法。

每一具遺骨都象徵著一段生命歷程

利用屍體或是人體標本去為大眾提供解剖學知識及人體結構展覽，例如：「BODIES：The Exhibition」此類展覽的鼻祖，所有展出的屍體都強調為歐美國家自願捐出以作展覽用途，所有的遺體都需要有文件證明。而此展覽的發起人，為一位德國的醫生 Dr Gunther von Hagens 亦是「大體塑膠化技術」(Plastination)的「始創人」。這位德國醫生再三強調，「我沒有使用任何政治罪犯、精神病院病患或任何無人認領的大體作展示用途！」可是，有證據顯示中國醫學院為他提供無人認領的大體，他再塑膠化後就賣給當地的大學。

在蘇聯解體之前，這位德國醫生已經有在蘇聯不合法地使用遺體的紀錄。在二〇〇一年，海關人員檢獲五十六具大體及上百個的腦部標本，這些遺體標本的目的地就是這位醫生於德國的實驗室。這些標本最終追溯回至來自俄羅斯的一位法醫，其當時已被檢方控訴販賣路宿者、犯人及醫院病人的遺體。在二〇〇六年，中國當局嚴禁遺體出口，除了標明用作醫學研究的用途之外。但是德國醫生的展覽卻表示每具遺體都有正式文件，能證明可以作為「教學及公開展示用途」。當這個展覽巡迴到英國時，提倡人道主義的組織再一次表示這些展出品都是來自於中國被處決的政治罪犯。後來有法醫去研究過，並得出結論這些大體上沒有肉體虐待的痕跡。而諷刺地，有些他聲稱有正式文件的中國遺體，至少有七具或以上，在抵達他的實驗室後因為發現遺體頭上有子彈孔而要被「遺返」回中國。

終究，翻來覆去，就是要文件證明這些遺體的來源及已預先得到他們的同意以作展示用途，偏偏承辦商就拿不出文件來。於美國舉辦的其中一場展覽更曾聘請第三方，去驗證所提供的死亡證及同意書是否一致——這一切都是想帶出任何有關於屍體的用途都必須尊重捐贈遺體的人及其家屬的意願。捐贈作為什麼用途都好，都是無私奉獻。如果這個展覽的概念就是要教育大眾人體結構，了解人體奧妙之處及以讓人面對自己的死亡，但前提必須要解決的是，我們到底是如何看研究及公開展示人體標本這回事。

美國原住民經過多年抗爭後，於一九九〇年終於能夠爭取美國政府訂立一個法律監管的程序，用以將他們祖先的骨骸、殯儀用品及相關文物慢慢送回原住民的保

護自治區 (Reservations)。截至二〇一七年，共有超過五萬七千件骸骨及逾一百萬件的陪葬品已送回原住民手上。有一名於博物館館藏室工作的專家寫道，曾經有美國原住民到館藏室參觀，並示意職員把館藏室的燈關掉。當時同行的長老隨即燃起了一束鼠尾草 (sage)，令其帶有甜味的煙淨化空氣及吟唱著歌曲。長老後來表達說他有責任令祖先們知道他有關心及記得他們仍然在異鄉。因為，對於這些民族、部落來說，這些館藏品不單只是骨頭那麼簡單，而是曾經及依然是一份子的祖先及家人。他們沒有因為已經離世而被忘記。

交還位於異國的骨骸到他們原本屬於的地方，這個現象是博物館界甚至人類學界這幾年的重點題目。美國原住民曾表示他們不反對科學，他們不滿意的是在沒有得到認同下，以科學的名義偷取了他們祖先的屍體，漠視他們自身的文化。藏於世界各地屬於不同原住民文化的展品及骨骸，都代表著過往對於原住民文化、原住民本身的不尊重、壓榨、欺壓及不人道表現。侵略者抵達一個新的地方時，把眼前所有的都視為新發現，視之為「不文明」(primitivism) 的證據，甚至訛稱是古人類。

骨頭對各地不同文化的族群、種族而言，都是可以引發人們去感受，去行動，去誘發記憶的重要象徵。透過骨頭的形象，於各區文化中所扮演不同的功能、歷史角色，對於不同人都擁有獨特的力量及影響力。這個理論亦同樣適用於人體骨骸上，它們都是一個非常獨特的媒介，延展了一個人一生的傳奇。跟其他會誘發記憶的事物一樣，每個人會被它吸引或相拒。如果從歷史角度看來，骨頭可以讓我們思考生命。用在宗教哲學層面，則可以讓你考究死後到底有什麼。放到公開展覽甚至以屍體作為教學用途，我個人不反對公開展示人體遺骸這回事，我覺得是一個很好的教學途徑。問題是有沒有拿到許可？展示途徑是否合適？又，為了一己之私把骨骸當作市場策略甚至是招來利潤，有否抵觸本身對「人」的價值與尊重？

要解答這些問題都必須記住一點大原則是：這（曾經）是別人的親屬，也曾經是活生生的一個人。他應該以尊嚴相待，猶如他依然在生般。

The Bone Room

Chapter 9

/ 食人族

據我所知，那個國家並不野蠻，當地人也非未開化，除了每個人都將自己不熟悉的行爲稱之「野蠻」；的確，因爲除了透過我們所居住國家的觀點及習俗的型態，似乎無其他方法可以用來衡量眞理與理性。

I think there is nothing barbarous and savage in that nation, from what I have been told, except that each man calls barbarism whatever is not his own practices; for indeed it seems that we have no other test of truth and reason than the example and pattern of opinions and customs of the country we live in.

——米歇爾．德．蒙田《論蠻夷》
(Michel de Montaigne, Of Cannibals)

每次講到食人就會聯想到電影《沈默的羔羊》(Silence of the Lambs)及食人魔醫師漢尼拔．萊克特(Hannibal Lecter)。而在探討這個特別的文化時，每個人都會問，到底人肉是什麼味道？口感如何？當然，應該不會有人可以告訴我們一個明確的答案，直到今天。

這次……是千真萬確，明刀明槍的「食人（肉）」。

二〇一六年七月十日，一名化名Shiny的人，邀請了他最要好的十名朋友去他家享用一個非常特別的早午餐。當天的菜式很豐富、有不同類型的水果，各式各樣的甜點，檸檬水等飲料，而主菜是墨西哥菜肉卷餅 (fajita taco)。而這道主菜的特色——用來做卷餅的肉，正是來自Shiny的肢體。

事緣，較早前Shiny因為一場機車交通意外，令他其中一隻腳永遠都不能再走路且需要截肢。當醫生詢問他的意願時，他只要求可以在手術後自己保存切下來的殘肢。

美國沒有一條特定的法例禁止吞食人肉，而五十個州中，也只有愛達荷州有條例直接規範食人者。而因為法例有監管謀殺、買賣人肉及處理屍體等行為，間接令食人肉的難度增加。Shiny這個情況比較罕見，在他的所在州份食人不但不是犯法，取得過程及做法更沒有違反道德觀念。他亦慷慨地把整個過程以照片紀錄好並上傳到網路上。

被食？死者的創傷傷口鑑定與埋葬學

一般在判斷屍體或是骨頭上是否有「被食」的痕跡必須要極度小心。在要決定是否屬於食人的痕跡之前，必須要先了解一下這個「創傷傷口」是什麼時候造成的。創傷痕跡一般分成三類，既然不是生前造成的，那就代表有機會是死時(perimortem)或死後(postmortem)。由於通常屍身有很大的機率會只剩下骨骸，因此除了骨骸之外，骨骸存放的地方亦很重要，特別是所在地的佈置，一般都會統稱為「埋葬學」(taphonomy)。

傳統的埋葬學是用來研究生物死後如何變成化石。而運用在法律醫學(medicalegal)範疇的稱為「法證埋葬學」(forensic taphonomy)。同樣，法證埋葬學研究人死後環境因素或對屍體造成的變化，當中包括對泥土、植物、昆蟲及動物方面的研究。埋葬或處理屍體的人往往都不太會考慮周邊環境，卻不知道周邊環境，微小至泥土顏色、種類等都有機會可以提供重要資訊給調查員。

另外，在骨頭上也經常會出現刀痕。一般肢解都有三個原因：為了將屍體放到特定的存屍地方，想試圖去隱瞞屍體身份，通常頭部、手腳都會被砍掉，有些更會把屍體的指尖皮膚去除，以防止警方確認指紋。最後，有些是因為心理或情感的需求而殘害屍體。使用的工具多半都是手動或電鋸、斧頭或刀，工具的種類及切割方向，大部份都可以從切口分析得知。還有切法，如：是否手起刀落？剛開始是否有猶豫的跡象（此跡象被稱為「hesitation mark」，中譯：試切創傷）等。

有時候也會看到一些特定的咬痕，表明動物的存在。這些動物不論大小，都會在骨頭上留下痕跡，包括使勁地咬屍體的手腳，或過分用力而在手腳骨及肋骨處留下咬痕。肉食性動物的牙齒因為比較尖銳，所以在被其咬過的人骨上，通常會有幾個犬牙齒洞；若是特別大型的動物，由於牠們有時會較為激動，會大力的抓住「食物」而造成屍體骨折；草食性的牧畜類動物則愛好吃乾的及舊的骨頭，以吸收飲食中所需的礦物質。

古今中外的食人肉、飲人血文化

回到前文，Shiny 在訪問中提到當初沒有吃自己小腿的打算，一開始只是想保存截肢，但又覺得製作標本的費用太昂貴。本來最後的定案是做一個 3D 模型，希望之後可以做成鎖匙扣。當他從醫院接過自己的截肢回到家後，覺得實在太噁心，便把殘肢拿去沖洗，發現其中小腿的肌肉已經暴露出來，他二話不說將其切下並冷藏。之後，就拜託了一名友人的主廚男友，利用這塊肉來製作卷餅。他們最後的食評是：很像水牛肉，或是比較韌的牛肉，很有嚼勁！

Shiny這件事可以令我們反思到底何謂「食人」？食人是否真的是一件恥辱？我們一般都會將食人聯想為「不文明的行為」，但是否這樣就是事實的全部？而，這些行為的道德與不道德，又應該由誰來定論呢？

在世界各地流傳的民間故事中，都有以身上的肉做為藥引的例子。如在歐洲的歷史上，食人的案例已經有幾百年，當中的參加者不乏皇族及平民。特別是在文藝復興時代的末期，德國、英國、義大利及法國都有相當的記錄，他們都會喝人血、塗上人的脂肪、吃人肉或用人骨做一些儀式，這種種行為都只有一個目的——治療疾病！

清末民初期間，北京藥房售賣一種叫「龍骨」的藥材，相傳磨碎沖水飲用可治病。後來，在中國進行研究的西方科學家無意間發現，這些所謂「龍骨」，應是一種古人類的化石。聽起來好像很不文明，但其實以骨入藥這件事並不是稀有事件，甚至可以籠統地冠上「食人」(cannibal)的稱號！

今日我們若不是將屍體視為一樣神聖的物件，就是對它敬而遠之，但在古時人們卻覺得它是一種帶有神秘力量的物件。很多的所謂藥用配方都加了人體的元素，如把血凝固磨成粉末可以幫忙止血，用脂肪塗在瘀血上可以幫忙散瘀，頭骨可以幫忙緩解偏頭痛或頭暈等症狀。最荒謬的是，病人及醫生都覺得這些「材料」的源頭最好是死得越暴力、越殘忍越好。

古羅馬的戰士都有飲血的習慣，而到文藝復興時期，他們更視血為增強健康的飲料。血的來源可以是從新鮮的屍體上收集回來，或是直接從活人身上飲取。覺得這個情景很眼熟嗎？沒錯！這就是吸血殭屍的起源及其中一個說法！這種打著「醫用」旗號的吸血鬼主義的代表，是一位十五世紀的義大利祭司及學者，推行著「想要返老還童，就必須吸取年輕人的血」的主張，因為年輕人的血是乾淨、快樂、溫暖的。另外一位聖人Saint Alberyis Magnus，他亦於一五五九年的文章中寫道，蒸餾過的人血都能治百病，而每次只需要服用小量。到一六五〇年間，飲用死人新鮮溫暖的熱血則可以治療癲癇；而凝固及磨成粉的血則可用來止血。到一六七九年更因為為了方便食用者，更出現了人血果醬及出版了食譜呢！

除了血之外，人的脂肪也非常有「藥用價值」，脂肪會被用作藥物，塗在患有痛風的關節上，又或者可以內服外敷，主治出血及幫助散瘀。當時有一個主治英國及法國國王的醫師主推以鴉片、毒胡蘿蔔（Hemlock）及人的脂肪調配而成的止痛劑。而一九六四年，你更能在巴黎的藥房買到人體脂肪呢！

頭骨，是另外一項以其治癒能力著名的商品。十七世紀的一位英國醫師 John French 他提供了至少兩款以頭顱骨蒸餾出來的酒，他指出這些飲品就可以治療痛風、頭暈等症狀，更有配方主治癲癇、某幾種心臟病等病症。其後，英國皇帝查理二世，更在自己的實驗室把頭骨蒸餾及磨成粉，命名為「皇帝之滴」（The King's drop），必須配以酒或巧克力服食。當時的皇室人員，幾乎視之為神丹，亦會在流鼻血時把它塞到鼻裡止血。

食人文化的反動及反思

這個歐洲帶起的醫學食人主義及吸血主義等文化，卻在進入大航海時代時代後，在「新世界」（New World，又稱新大陸）出現了新的「定義」。於一六三四年，一位主教 Joseph Hall 指責突厥人非常不文明，他們都會吃人飲血，因此這種食人行為開始沒落並被視為禁忌，成為一個好基督徒不能接觸的領域。這個講法亦廣為殖民主義者所引用，從有關人性的論點，認為當地的食人文化是非文明之舉，用此作為藉口「教育」土著及企圖以其作為支持奴隸制度的論據！

其中最為歐洲人或西方國家所討論的，莫過於十六世紀的巴西戰爭。但同一時間，就算對於美國印地安原住民而言，「食人」也是一個完善的文化及習俗的一部分——印地安原住民以食人 (cannibalism) 來哀悼先人，它包含的社會及象徵意義並不亞於其他儀式。

文化人類學家 Beth Conklin 曾描寫了巴西 Wari 部落的殯儀食人習俗。她形容這是一個群體的工程，用每家收集回來的樹木當柴，綁上羽毛作裝飾。而其他於秘魯及委內瑞拉的部落，其殯儀習俗中的食人儀式會一連舉行多天，當地的小孩，小至剛出生的嬰兒都要喝一款湯，這款湯以先人的肉燉製，以代表部落新舊交接，舊的永遠都是未來的一部分。但這不代表他們吃了不會覺得不舒服，他們每吃幾口，就會出去吐，吐完了再回去吃。他們說這是對於家屬及死者的敬重。對其而言，「直接將先人入土為安」的行為，就有如我們看待他們的吃人儀式一樣地恐怖。因此他們的「吃先人的肉」，並不是為了得到任何神奇力量，而是打著要破壞、要消滅的旗號——在把肉都吃完後，他們會把骨頭火化成灰，整個屍體的消失對他們來說是一種安慰。亦因為先人的遺體完全消失的關係，其他族人也會對其遺族家人們給予更多照顧！

其中一些比較有攻擊性或挑釁性的部落更會在戰爭時期，將抓到的戰俘拿到宗教儀式上供奉及吃掉，這些儀式有時會長達數個月之久。這些儀式包括了收集對手的人頭作為戰爭的紀念品，或是直接到墓穴裡盜取人骨（通常也是頭骨）。不要以為這種做法都只限於古時才會出現，就算是現在，一些外國的學生都還會這樣做！當然，有些學生會以合法途徑取得人頭，亦有些會直接從學校的博物館盜取，甚至去盜墓。

在一本名為「Cannibalism in China」（意譯：中國食人史）的書籍裡面，中國研究食人習俗的專家Key Ray Chong指出食人可以分成兩類：一類是用作生存用途的「survival cannibalism」，一般出現在饑荒的時候。另外一種是「learned cannibalism」，意指這些食人的做法是透過社會甚至習俗學習回來的，很多時候並不會把整個屍體全吃掉，而只是吃部分。Chong亦指出由於這種食人主義是大眾及文化所控制，因此他亦把這種食人主義稱之為「cultural cannibalism」（意譯：文化食人）。

而在二十世紀初，中國的饑荒及食人行為成為了這段時期的文化焦點。這個悲劇一直都被隱藏起來，直到最近。Chong 的研究粗略統計過在中國歷史上有共一百五十三件與戰爭有關的食人案例，及一百七十七宗與天災有關的食人事件，但這些都不及在毛澤東時代大躍進造成的結果嚴重。在這段時期因為饑荒而死去的人至少有三千萬之多，而大部分都是位於偏遠地區。其中在二〇〇八年出版的一本學術文獻紀錄了這些受饑荒所影響的人民，需要進食樹幹、草、鳥類排泄物及從屍體上割下來的肉——很有可能是家人的屍體呢！香港前《南華早報》主席 Jasper Becker 更敘述表示，在他於中國的過去數十年間，曾經遇過的五十歲或五十歲以上的人士都表示在饑荒時期，為了「覓食」更有效率，女人們都會在晚上出去找屍體，並從屍體上割下肉塊，再找泥土輕輕藏起來，必須在秘密的情況下進食。

相反，歐洲的食人主義不是以認識或至親之人為對象，而是那些被社會否定的人，如被處決的犯人、貧窮的人、沒有認領的屍體。在十七世紀，英國人會進口愛爾蘭人的頭顱，他們都是直接從戰場把頭割下，然後放到德國的藥房裡面賣。以當時的情況看來，英國視愛爾蘭人為下等。學者指出，作為藥物的屍體都必定是那些被視為奇特的、異類的，或統稱「他者」。這裡說明了一個主題：歐洲人吃的是不認識的人，而「土著」們吃的卻是朋友。歡迎為「野蠻人」下定義。

為生存不得不食……

一八四六年春天，一群約共有九十人的行列大隊從美國伊利諾州 (Illinois) 的春田市 (Springfield) 往美國西部進發。這群準備搬到美國西部的居民由兩名唐納兄弟帶領 (Jacob Donner 和 George Donner)，俗稱為「唐納隊伍」(The Donner Party)。

原本，他們打算使用一貫路線通往加州。不過因為他們接到由路徑領隊 Lansford Hastings 最新提出的路線，這新路線比原有的路線短，但 Hastings 自己也沒有親身走過，因此這群由唐納兄弟帶領的人連同 Hastings 都沒有想過他們會因為旅程受延遲，受困於內華達山區度過冬天。當時一般往西部的旅程約需要半年，卻因為這條新路線，令其大隊在跨越猶他州 (Utah) 及中間地大鹽湖沙漠 (Great Salt Lake Desert) 抵達內華達州後失去原來隨隊帶有的牲畜。

終於在十一月，一行人抵達最後關卡內華達山脈，一場因俗稱為「菠蘿快車」

(pineapple express)[1] 的氣候現象而導致六點七公尺高的暴風雪阻擋著山上的去路，使整群唐納大隊被困於現今的唐納湖(Donner Lake)。經過多月來不停趕路，各人疲憊，有雪靴的嘗試走到附近的房子找糧食，卻因為飢餓、低溫症等而進度緩慢。

到被困的第八天，大隊中的 Patrick Dolan 提議抽籤看看，誰應該要被殺死成為其他人的糧食。他自己卻抽中成為「幸運兒」，不過大隊沒有因此而殺了他。接下來數天，Patrick 連同數人死去，而整群人除了兩名美國原住民領隊沒有分一杯羹外，所有人都有好好利用這些屍體來補充營養及體力。他們亦怕會吃到自己的親人，因此會安排每個人食用的對象及地點。一直到被困後的第十四天，唐納大隊終於再度出發。

1 美國新聞播報中使用的一種氣候現象的俗稱：每年冬季因大規模的「季內震盪」(Madden-Julian Oscillation)所產生，來自夏威夷島附近持久而強烈的暖濕氣流，為美國西海岸地區帶來大範圍的強降雨，嚴重時會造成洪水泛濫或是泥石流之類的種種自然災害。

在一八四七年一月，他們再次發生缺乏糧食危機。隨團的兩名原住民領隊意識到他們很快便會成為糧食對象，因而預先在晚上逃走。此事，大隊內所有人因為鞋子的問題在走了這麼多路後，腳已經流血而脫皮。加上因為低溫症等情況而令他們缺乏保暖衣物，在欠缺糧食時開始想再找一名自願者被殺成為大家的糧食。由於隊伍中有兩名母親，母親要照顧小孩，所以被免疫。在難以決定之後，隊伍中的William Foster遇到之前逃走的兩名領隊，隨即二話不說把他們射殺。

憑著最後的「糧食」，他們走到了一個部落裡面。當中，部落居民為他們提供新鮮食物，足以讓他們抵達最初想走到的房子避難及求救。而之後，開始陸續有救援隊伍四處搜索生還者。

一八四七年四月，最後一隊救援隊伍前往唐納大隊的營地。在厚厚的積雪埋藏著的是唐納大隊中曾經的隊友的骸骨、斷肢、為取得腦袋而切開的頭顱等。救援隊員在雪地上找到一些腳印，追尋後發現一名依然生還的德國移民正在採集食材，準備燉一鍋由人腦及肝臟烹調而成的鍋物。隨後，此人當然會被冠上食人魔的稱謂，而他自己也公開承認是透過吃這些屍體以保存性命，整個唐納大隊有數人也是這樣希望可以獲救。

不得不慨嘆，當人出現需要糧食的本性主導思考時，其影響力及殘酷之大，與人為殘害的恐怖程度有過之而無不及。肯定的是，在求生的情況下，特別是對心理及心智影響，我們在有糧食的情況下是很難一刀切去理解。

「如果，命運能選擇……」對唐納大隊的成員來說，如果可以從頭再選一次，不走捷徑絕對是必然之選！

回到開頭 Shiny 的故事，Shiny 向媒體憶述，他在把小腿那塊肉切下後，連同當時在場的幾位朋友們，一起開始玩弄這隻腳。他說當下的感覺是這隻殘肢變成了物件，並沒有太多的情感牽引。而他感到最奇怪的是，自己作為曾經的擁有者，竟然沒有不舒服的感覺，並而是覺得整個體驗是非常不尋常甚至怪異的，不過卻同時也令他異常安心。因為在截肢手術後，Shiny 心情很低落，覺得人生失去了方向。在手術前他是一個平步青雲的中產美國白人，他身邊很多事及所擁有的一切都隨手可得，從不感激周邊的人及珍惜自己的生命。直到截肢後，他發現陪伴在身邊的朋友其實很重要，心態亦隨之而改變。他對截斷的小腿充滿感激之心，感謝協助了他的生命及生活一段很長的時間。或許，是因為這心態的轉變令他變得開懷，甚至覺得玩弄自己的截肢也不是一件奇怪的事。或許，直視這些不安及不確定的事，如死亡，就是克服恐懼的最好辦法。

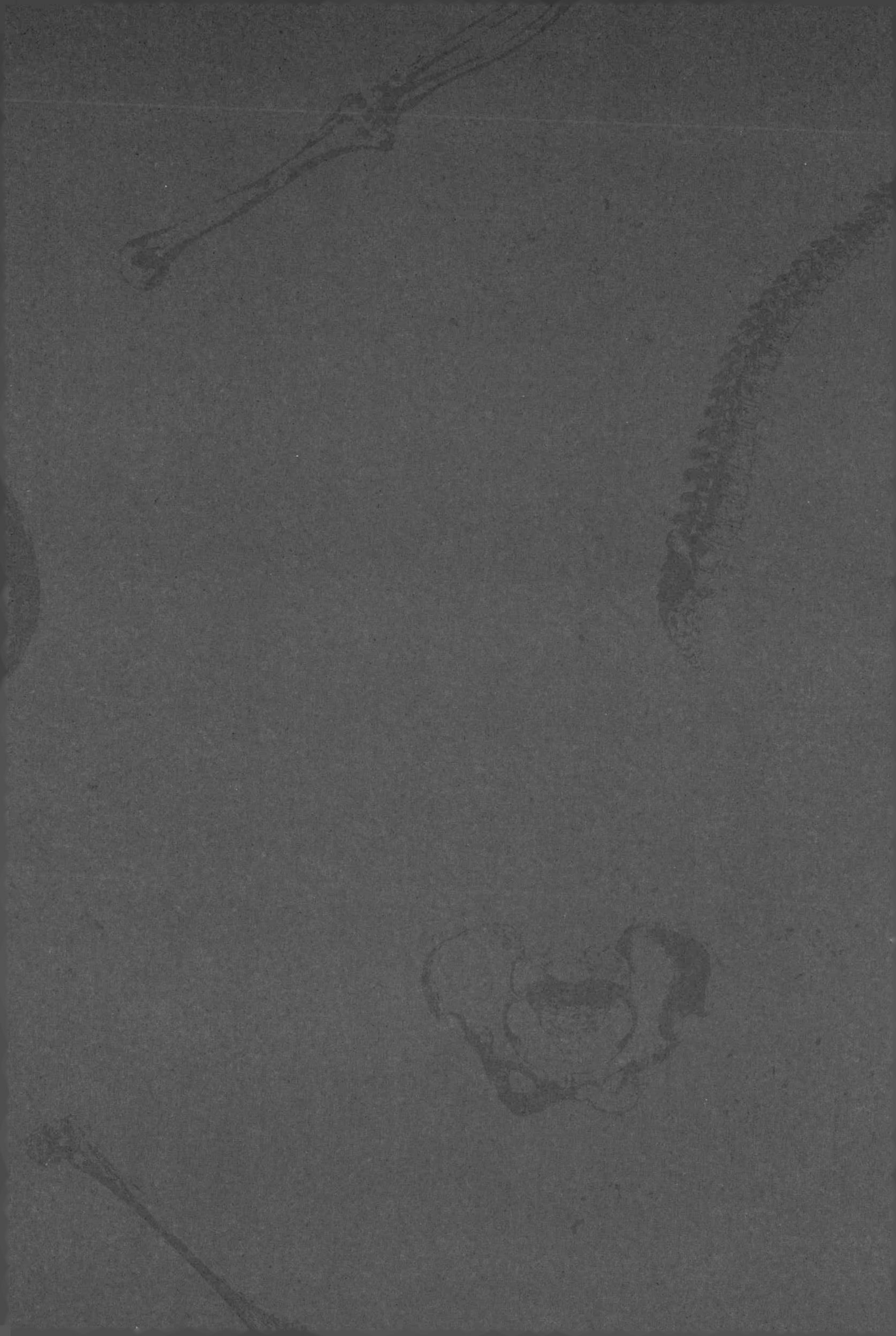

The Bone Room

Chapter 10

/

骸骨的永生傳說

究竟一個人會存活多久？一個人可以存在於這麼多不同的時空之中。

How long does a man live after all? A man lives so many different lengths of time.

——詩人 布萊恩．帕頓《這麼多不同的時空》

(Brian Patten, So Many Different Lengths Of Time)

在談論遺體時，最常用到的字眼應該會是「尊重」。生於一七六一年的愛爾蘭人查理斯．伯恩斯（Charles Byrnes）因為一顆長在其腦下垂體（pituitary gland）的良性腫瘤（benign tumor）刺激其生長荷爾蒙（somatotropin）過度分泌，令他成為兩百三十一公分高的巨人！在世時，他以這樣的體型吸引民眾前來付費觀賞自己，也讓當時的國王、皇后甚至貴族都紛紛前往拜訪他。查理斯成功地透過這奇特之處讓自己生活過得不俗。當然，他社交活躍、好酒的生活也對其身體健康有所影響。但總括而言，是不錯的生活。

一直到一八七三年，查理斯的財產都被偷走，他就開始變得鬱鬱寡歡並且越喝越多，同時因為他身體的狀況使得併發症越來越厲害。這個時候，不同的科學家、醫師都看上了他「異於常人」的情況及身體，想對他進行研究，特別想在他死後進行解剖及展出。其中一個蘇格蘭的醫師 John Hunter 看上了查理斯不太理想的財政狀況，於是提出願意預先繳付給他報酬。查理斯被嚇到了，直接拒絕了這個提議。相反的，他深知自己死後會被研究及展覽，因此他在病危時，清楚地向朋友們表明必須要以鉛製棺材將他下葬於海裡。他覺得這是唯一一個方式不會讓盜墓者來偷取他的骸骨。可惜的是，他從頭到尾都沒有到達海邊，他的骸骨仍被偷走了。

查理斯在二十二歲那年因肺結核去世後，醫生 John Hunter 以五百英鎊收買了負責運送棺木的工人，偷走屍體並且換成石頭。成功獲得屍體後，醫師抽乾了查理斯的脂肪製成標本，放在他的博物館內（即現今倫敦的 Hunterian Museum）共二百二十年之久。在展出之前，他更把這些骨骸收藏在隱密地方四年之久！一直到最近這博物館因為要重新裝潢休館，藉此機會，大眾都不禁想將查理斯的骸骨按照其原本的意願安葬，他們都表示相信相關機構及單位已經抽取足夠的 DNA 及組織作為研究用途，同時亦認為以現時擁有的科技，這些組織都已經能重新製作一副巨人骸骨了！甚至，有和查理斯患有同一症狀的病患，自願捐贈自己的骸骨給博物館，以換取查理斯的骸骨可以下海為安。但最後的做法必定是由博物館決定。

當然查理斯的骸骨有著重要的醫學價值，但為此違背逝者意願，又是否為必然選擇？難道真的沒有第二選擇嗎？這進退兩難的醫學道德問題沒有絕對的答案，不過肯定的是，生者如何對待死者，正展示出其對人性的衡量。而歷史上因爲身體狀況而使他人忘記尊重死者的例子又何止查理斯巨人一案呢。

從生至死都不得安息的多毛症患者

朱麗婭．帕斯特羅娜 (Julia Pastrana) 在死後百多年，被保存下來的屍體一直都沒有得到安息，反而成為大眾獵奇的目標對象。她的屍體被擺成挑釁的姿勢——雙腳分開站立，手叉腰，這個姿勢彷彿是朱麗婭自己對於其屍體的強烈控訴，甚至是她整個人生的無聲控訴。在其人生當中，她的身體一直都被視為奇異標本及研究對象，甚於被視為非人類。對於這樣的結局，不但不公平，更是其一生所經歷的不公義之極限！

朱麗婭在一出生時就患有先天性遺傳多毛症 (generalized hypertrichosis)，這個病症會導致很多毛髮生長於她的臉部、手部、腿部、頸部甚至軀幹的部分，再加上名為牙齦增生 (gingival hyperplasia) 的症狀——此症狀會導致患者的唇部及牙齦特別的厚。因為這些先天性的患病情況，使朱麗婭無論在生還是死後都被視為獵奇對象。

據稱朱麗婭的故鄉是在墨西哥的一個部落裡。她出生於一八三四年，而父親也是一位研究野生動物的學者，她的母親則覺得朱麗婭的多毛症症狀是因為有超自然力量的干擾——人狼。她的母親不知道應該如何處理及面對，朱麗婭出生後兩年都被藏在山洞裡。而後因其母親離世，她被輾轉送到孤兒院，再從孤兒院被賣到美國的一個馬戲團。後來又被送到錫那羅亞州 (Sinaloa) 的市長家裡。據說在這段時間，她有接受跳舞及唱歌的表演訓練，並且學習了英文、法文及西班牙語。聽起來好像這個市長對她不錯，但其實他視朱麗婭為活生生的獵奇標本並進行「研究」。

朱麗婭二十歲的時候，她覺得要回到自己的部落。卻在同一時間，受一名美國男人說服了要展開她的演藝生涯。她的唱跳訓練大派用場，不過卻不是因此吸引觀眾前來，人們都是為了她的外貌，並因為不同的暱稱，如：半人類 (half human)、熊女人 (The Bear Woman) 等令更多人想一睹她的「風采」。紐約的醫師 Dr. Alexander B. Mott 甚至說自己能夠肯定地診斷朱麗婭是一名半猩猩半人類的生物！當然有其他的醫生出來否定 Dr. Mott 的說法，但這個說法卻被觀眾、表演者及經紀人大為接受！他們更利用這個評論將朱麗婭的出生加油添醋，她父母是誰？是人還是動物？以種種傳言延續她的「演藝傳奇」。

其中最邪惡的必定是名為西奧多．雷恩特 (Theodore Lent) 的流浪藝人。雷恩特除了控制朱麗婭及其形象外，更因為朱麗婭的關係而變得很富有。亦為了這「搖錢樹」不會跑掉，雷恩特竟然向朱麗婭求婚了！朱麗婭亦答應了！

一八六〇年當他們在俄羅斯的時候，朱麗婭生了一個小男孩亦同樣患有多毛症。可惜的是，小男孩只生存了三十五個小時就離世了。朱麗婭亦在兒子死後五天離世。一名來自莫斯科大學的教授 (Professor Sokolov) 這個時候出現，並答應要以他私下特調的防腐液及方法，為朱麗婭及她的兒子防腐。按照他的說法，這個方法是混合了木乃伊化 (mummification) 及製造標本的方法 (taxidermy)。教授用了共六個月的時間去為朱麗婭及她的兒子防腐，他們被豎直、擺好姿態並且於莫斯科的解剖學院展出。

漂流一百五十年的遺體

這個時候，朱麗婭的丈夫雷恩特發現即使朱麗婭已經離世依然能為他帶來財富，他決定把這個標本從莫斯科帶回倫敦展出，隨後更展開了相關的巡迴展出。不久，雷恩特遇到了另一個與朱麗婭有同樣情況的女人，亦與她結婚。他更稱這名女子是朱麗婭的妹妹，並且要求她與朱麗婭及其兒子的標本同台表演。

在他們退休後，雷恩特先行離世，而他第二任妻子只好把朱麗婭及兒子的標本賣給一個挪威人並於奧斯陸展出。隨後這名商人的兒子亦開始帶著這兩個標本巡迴於鬼屋等地，直到納粹時期的二次世界大戰，這一切才能停止。這兩個標本先後放在瑞典及挪威至一九七〇年代。

一九七三年開始，這兩個北歐國家都已經立法禁止展出屍體以謀取任何利益。他們被逼送回倉庫裡面。一直到有人偷偷侵入這個倉庫，並弄斷朱麗婭的手及將其兒子的標本丟到荒野中，讓不同動物將他吃掉。而在一九七九年，再次有人偷入儲藏朱麗婭屍體的倉庫，這次朱麗婭的標本整個被偷走，最後在一九九〇年，於奧斯陸的法醫科大學一個清潔工人的儲物櫃裡被找到。

自此，朱麗婭屍體的去留一直都有不同的說法及爭議。一直到二〇〇五年，一名居住在奧斯陸的墨西哥藝術家 Laura Anderson Barbata 開始展開了聯署，要求大學把朱麗婭的屍體送回墨西哥安葬。終於在二〇一三年，朱麗婭死後的一百五十三年，經過多番聯署及推廣，茱莉亞的屍體終於能返回墨西哥，並且在她出生地附近的城鎮 Sinaloa de Leyva 這個城市舉行了葬禮。

這個旅程多麼不容易！一直以來朱麗婭都被認為她是非常聰明、有趣及非常清楚自己身體的獨特性，她卻因為社會對她的不同及奇異之處，而受到很多莫名的譴責。在申請及辯論朱麗婭屍體的去留時，挪威的有關單位亦表示，從朱麗婭的一生及經歷看來，亦相信她如果在世都不太會想自己的屍體成為一個解剖學館藏的一部分。幸而最後，朱麗婭終於能夠得到了作為人最基本的尊重，而這份尊重亦是自她在生的時候所無法擁有的。朱麗婭的一生像是一個悲劇，借鑑到今天，現代女性依然努力地為自己身體的自主權而奮鬥及努力。

對於骸骨的尊重——物歸原主

在加拿大卑詩省，一位保守黨候選人在網上購買了一個「骷髏頭」，送給男朋友當作生日禮物。她的男友收到後非常開心，於是拍下照片，並上傳至臉書與他人分享。

按照其男友的說法，骷髏頭應該來自十八世紀，卻不知從何而來。當地保障原住民權益的組織（Prince Rupert Aboriginal Services Society）執行董事表示，當收到這樣的禮物，或接觸到相關的物件時，第一時間應找出這頭骨來自何方，並找出「經手人」，繼而決定是否／應否「物歸原主」。而最讓他擔心的是，這個頭骨是否屬於加拿大的原住民地區。這位候選人隨後在一個電話訪問表示，頭骨經查證後，發現並不屬於原住民，而且頭骨價錢相當昂貴，亦有相關文件證明其來源。她更表示，男友一直以來都很想擁有一個真實的人類頭骨，並堅稱他們都是紋身藝術師，擁有一個真實的頭骨，對工作很有幫助。

人體骸骨及有關的歸還計劃，對任何地方的原住民來說，一直都是需要特別慎重處理的項目，因為骸骨並不是一般的博物館展品。美國原居民經過多年抗爭後，**終於在一九九〇年成功爭取政府訂立法律監管程序，將他們祖先的骸骨、殯儀用品及相關文物，送回他們的保護自治區（Reservations）。**截至二〇一八年，已有超過六萬副骸骨及超過一百六十七萬件陪葬品送回原住民手上，而且這種將在異國展出的文物送回原國手上的舉動，並不限於美國及其原住民。

直到今天，購買人體骸骨已不是一件難事。但就是因為容易買到，令不少人對於處理及管理骨頭時不夠謹慎。其實無論骸骨來自哪個時代、哪個地方，都必須被尊重及以正確的態度對待，畢竟對方曾經也是活生生的人。

面對「死亡與否」與「遺留下來的肉身」的道德標準在哪裡？

死亡，並不只是肉身停止運作這麼簡單，很多時候要考慮的標準比想像中更為複雜。日本知名作家東野圭吾的著作《人魚沈睡的家》，在探討這個主題時，即展現了死亡的多層意義。

《人魚沈睡的家》故事講述薰子不接受女兒瑞穗的死，因為被診斷為腦死的瑞穗看上去就像是睡著了而已。死亡在科學上與法律上有定義上的差別，而在哲學上更有複雜的論證。在母親看來，因為不肯接受女兒死亡的事實，傾向接受死亡定義較低的說法。

小說中有談到在日本判斷腦死的方式，而這個詞語的出現跟器官移植有莫大關係，但過了這麼多年，它的定義有不停被重新審視嗎？那，隨著《伊斯坦堡宣言》

(Declaration of Istanbul)[1]的發布，這個器官捐贈世界的變化有隨著自給自足而減少了黑市買賣嗎？就不願親人被判斷成腦死的家屬來說，他到底是人還是屍體？小說中的媽媽對於孩子依然在世的執著，難道又有錯？這一切全都因為對象是自己十月懷胎誕下的小寶寶。爸爸一直不太評論媽媽的所作所為，是否有責任？婆婆的配合、阿姨的附和，如果是因為事情發生時的罪疚感，而任由女兒／姊姊做出這種常人眼中荒謬的行為，他們又有因此贖罪嗎？而那些只會眼前配合而背後不滿的家人，一直選擇站在事件圈外又有沒有責任？

《人魚沈睡的家》除了探討一連串的道德問題，特別是醫療道德問題，另外也展示了幾個重點：小孩子其實比誰都了解死亡，可能理解的方式不一樣，但他們是能夠理解的。我一直也確信這點，之前在醫院裡為一些面對家人突然離世的小孩子擔任義工，明白孩子們必須要知道為什麼他們的家人會一睡不起、為什麼會突然不

1 二〇〇八年移植學會所發布的伊斯坦堡宣言，被奉為器官移植圭臬。主張：禁止及懲罰違反醫學倫理的醫療行為；應立法確保從死者或活人摘取器官及器官移植行為符合國際標準；器官交易和器官移植旅遊，違反公平正義、尊重人性尊嚴原則，應加以禁止。

見……。為孩子提供這些答案的做法，其實跟我們法醫人類學家為亡者家屬尋找答案的道理一樣，必須要心裡覺得踏實了，才能慢慢接受現實。

人，縱使多麼不捨，都必須要接受身邊的人會有離開的一天。我知道說會比做容易，這也是我一直以來的修行，能明白該放手的時候到了，對雙方而言都是好事。以科學的角度解釋，能量不能被創造及毀滅，只能轉化成別的能量。器官捐贈如此，任何人離世亦然。當然，什麼是適合，什麼是恰當是兩回事。正如，哲學裡什麼是必須 (ought to be)，什麼是應該 (should) 也是兩回事。當情況套用在親情，甚至任何情感相關的議題，都會是一場辛苦的理智與感情角力戰。在那個時候，什麼是正確或不正確都會變成很個人的選擇。因為，幸福不是只有一種，而是有很多種定義。到了某個時候，執著的也會清醒繼而放手。死亡是一個過程，同時放下也是過程之一，沒有答案，只能一直走，直到最後終點。

而展出骨骸或是透過研究骨骸，可以修正歷史，但同時也可以是不敬。到底是否應該為了科學，而捨棄對人的尊重及背後的道德倫理？說實話，每一個這樣類型的展覽都是讓我們學習人體結構奧妙之處的好機會，而每個展覽都會想以多媒體、文獻、各種燈光，甚至聲效，幫助參觀者回到當時及代入其中。**需要記得的是，整**

個參觀過程我們都是與死者作伴，我們是在聆聽、學習他們的經歷及故事。可以肯定的是，就如布萊恩・帕頓 (Brian Patten) 在他的詩篇《這麼多不同的時空》(So Many Different Lengths Of Time) 裡所寫的一樣，當我們內心永遠帶著他一起生活，他就依然存在於世界上。

The Bone Room

Chapter 11

/《花花公子》玩伴女郎屍體發現案

一九五〇年代的美國B級電影明星伊薇特・維克斯（Yvette Vickers），曾為雜誌《花花公子》（Playboy）擔任當月玩伴女郎（Playmate of the Month），而電影代表作可以說是電影「女金剛」（Attack of the 50 Foot Woman）。

不過在二〇一一年，她的鄰居蘇姍・薩維奇（Susan Savage）發現伊薇特信箱結了蜘蛛網，並已堆滿發黃的信件。由於知道伊薇特有精神問題，擔心之下，她從破窗窺探後，決定進去屋內查看。蘇珊發現屋內有堆積成山的垃圾、信件及衣物，她推開雜物，找到樓梯爬上閣樓。

爬到閣樓後，迎面而來的是一陣陣熱氣。當時已是八月的加州，開暖爐完全是多餘的。當她回過神後，發現暖爐旁邊的是一具已經木乃伊化的屍體。這並不是他人，而是一直沒有露面的伊薇特。屍體旁邊一直開著暖氣之外，法醫的鑑定報告指出，伊薇特的屍體已經嚴重進入進階腐化（severe advanced decomposition）／木乃伊化（mummification）的階段，更表示可能已經死了約一年，正式死亡時間到今天依然是一個謎。伊薇特的屍體的重量只有二十五點四公斤，最後透過齒科紀錄鑑定身份。從屍體及案發現場來看，法證也表示伊薇特的死因沒有可疑，法醫科鑑定死因為冠狀動脈疾病、俗稱冠心病（Coronary artery disease）所引發的心臟衰歇。

屍體的腐化速度及表徵可以協助我們去推斷到底死者已經離世多久，從而讓我們有最初步的調查。而「屍體腐化」一事原則及條件可以很簡單，但同時間也很複雜——因為可以影響屍體呈現的狀態的變因有很多（本書第六章有特別仔細探討屍體在水裡腐化的迷思）。亦因此，在某些情況下，因為屍體存放的環境條件較為極端，而會出現意想不到的結果，例如在十天之內從一具「新鮮」的屍體化成枯屍。

但，真的有可能嗎？

加速屍體腐化及木乃伊化的要素

要理解「十天之內變成枯屍」這個說法，必須先明白屍體腐化的過程及相關的因素。**屍體腐化受幾樣因素影響：溫度、水份（濕度）、空氣／氧氣及動物昆蟲接觸。**有一句話說：**「於地面一星期，等於水裡兩星期，地下八周」。(One week on the surface equals two weeks in water and eight weeks in the shallow grave.)**

當屍體曝露在空氣底下（即沒有遮擋的情況之下），屍體腐化的速度比平常已經埋葬及防腐的屍體快二至四倍，這取決於有沒有空氣接觸及溫度高低。另外，曝露在空氣底下的屍體，更會吸引烏蠅等協助加速分解屍體。為了讓大家有一個簡單的概念，要做到古埃及木乃伊的程度，於那種人工環境下約需要七十天。

而在一個平常潮濕的森林的條件之下，屍體從有軟組織到骨頭（或許還有少許肉連著）大約需要五十天或相若的時間。若在一般溫度較高，濕度也相當高的森林裡面，要把屍體從有軟組織腐化到骨頭，可以於兩星期內完成。另外更有以豬為對象的研究顯示，可以於一個星期之內完成。

此外，值得注意的是，屍體有機會因為直接曝露在太陽底下而被木乃伊化(mummified，注意：木乃伊化其實是一個干擾屍體正常腐化的一個過程。而學界中並沒有一個特定統一的定義。木乃伊化可以發生在整個屍身，又或是部分軟組織）。屍體如果因為環境條件而「選擇」木乃伊化，整個過程快則可以於十一日內完成，甚至到十二個星期之久。重點是，屍體如果穿著任何衣物，木乃伊化這個過程的速度會比赤裸的屍體更快，因為衣物有協助帶走水份的作用。

至於有時候屍體只有頭部變成骨頭的部分，按著上面提及有關屍體腐化的程序及外在因素，這是由於環境條件使屍體「局部木乃伊化」。坦白說，在同一具屍體上，可以同時發生程度不一的腐化情況。案例有如外國有一名九十三歲的女性屍體被發現在郊外，屍體的頭部已經變成骨頭，四肢已經木乃伊化，而軀幹部份（特別是器官）是已經皂化，形成俗稱「屍蠟」（grave wax／adipocere）的物質。

這種有多種腐化程度的屍體最常看到的都是頭部先完全骨頭化。這是由於頭部的軟組織較少，而且屍體腐化及昆蟲的「協助」都是從水份較多的地方開始（頭部的位置有眼、口、鼻）。

含冤而死？屍僵現象、死後抽搐

除了屍體腐化的速度及階段會讓我們覺得很奧妙之外，調查人員及法醫師們都會嘗試從屍體的表徵及姿勢等，去嘗試了解到底他們在生前最後一刻經歷了什麼？到底事情的始末是如何。但在做這個剖析之前，必須要先釐清的是，到底哪些現象是正常的，又有哪些是不正常的，以便正確分析及推斷。**其中會使一般大眾最為害怕的是，看到屍體雙手拳頭握緊，前臂呈現L字型——因很容易令人會聯想到，亡者死前是否被綑綁等情況出現，但其實這個現象與「屍僵」（rigor mortis）有關。**

屍僵的拉丁文「rigor mortis」是指肌肉僵硬，這個現象一般來說會在人死後三個小時出現（在溫度較高的環境下會更快）。屍僵背後的原理科學尚未完全被徹底了解，但萬變不離這個大道理：平常肌肉需要能量（ATP）去放鬆，而這種能量需要氧氣。人死後呼吸停止，即是身體內沒有任何氧氣，即是沒有ATP，因此肌肉不能放鬆。這種化學反應的結果就是一般的屍僵。

屍僵的出現多從眼皮、下顎等再慢慢延伸到身體其他部位及器官。而屍僵可以維持二十四至七十二小時（甚至有文獻將時限拉長至八十四小時！）在這段時間，屍體會保持著同一個姿態。因此有些殯儀人士因為家屬需求，要在這段時間內為先人著衣，就需要為屍體按摩關節及肌肉，令僵硬的肌肉可以放鬆，這個行為稱之為「breaking rigor」。

而，在法醫學裡面有一個比較有趣的現象稱之為「死後抽搐」(cadaveric spasm)。這種被稱之為「瞬間僵硬」(instantaneous rigor)的現象泛指當一個人死後跳過肌肉放鬆的階段，而直接進入屍僵的狀態。這現象通常只影響其中一組肌肉——多半是手及手臂。

「死後抽搐」通常出現於壓力度比較高的事件 (stressful death) 當中，例如：癲癇 (seizure)、溺斃 (drowning)、窒息 (asphyxiation)、槍斃等。因此，外國有一定數量的案例發現，遇溺自殺者手會握實拳頭或是抓住水草。或是，在外國的戰場上，因遭到槍擊頭部而死亡的士兵們，都被觀察到有相關的特徵。至於為什麼會出現「死後抽搐」，醫學上依然沒有一個確實的解釋，不過有研究把方向指向死前的情緒、意識等。

至於雙手彎曲，呈現「L」型的，其實頗為常見。可以聯想在舉啞鈴的時候，當你上臂用力，肌肉收縮時，手必定會彎曲，何況當整隻手的兩組肌肉——前臂及上臂都分別因為抽搐肌肉即時收緊。因此手在這個情況下產生彎曲，幾乎是預期內的反應。

屍體腐化、脫皮的過程，水上浮屍如何辨別身分？

屍體腐化的時候身體裡面發生什麼事？其實這裡面牽涉了兩個化學程序：自我分解 (autolysis) 及內組織腐化 (putrefaction)。

在第六章中，也有提到過，從心跳停止、呼吸停止的一刻開始，身體裡面成千上萬的細菌及酵素就會開始分解軟組織（例如，胃入面的細菌及酵素開始會消化整個消化系統），此為「autolysis」。這個消化組織及器官的過程也帶著強烈的腐化味道，也就是所謂的屍臭！因在分解軟組織時，細菌與酵素的化學作用會產生氣體，但在皮膚腐化之前這些氣體會困在皮膚底下，因此部分於早期腐化階段的屍體腹部會腫脹，繼而造成「屍體腫脹」(bloating)的現象。

屍體於水內腐化的速度與陸地上的有著不一樣的時間表及變化。在這個過程當中，皮膚會變色（或脫色）然後會脫皮。然後，這些細菌會慢慢的從腸臟輾轉分佈整個腹腔及上游至喉嚨等位置。同時，腐化的汁液也會導致屍體臉部及頸部腫脹（腐化過程請詳細情參閱第六章）。

而，如果屍體在水上被發現，因為水壓改變的關係，這些腐化而衍生的汁液，將隨著海水從鼻、口、眼、耳、肛門等身體的「開口」排出體外。當然如果有其他傷口，傷口也是導致體液流出的原因之一，但就算沒有傷口，因為屍體腐化加上水壓改變，所以汁液或是有液體從開口排出也是正常的現象。正如我多次提到，屍體腐化的速度很注重環境溫度、氧氣、屍體有沒有被衣物包裹等。

當屍體一接觸到水時（以分鐘計算），屍體的手腳會出現「皺皮」的情況，因為表皮下的血管收縮而造成，稱為「washerwoman's hands」。剛下水的屍體會先沉到水裡一小段時間，但當身體裡面的自我分解及內組織腐化開始時，浮力就會增加，這是因為這些化學作用所造成的氣體的效果。然後屍體會繼續浮著並且開始看到屍體的變化，包括脫皮，甚至部份軟組織脫離身體等。之後當屍體的組織腐化部分增多後，腐化所產生的氣體會慢慢減少，繼而影響了屍體的浮力。因此隨著屍體骨頭化，屍體的浮力減弱繼而再次沉到水裡。另外，如果死者肺部有水，也是會減低屍體的浮力，使屍體相對容易沉入水中。

另外，因為屍體在腐化時會脫皮，而有時候手部脫皮會脫得比較「戲劇性」：猶如一隻手套！有時候，鑑識人員可以把這隻「手套」戴上嘗試套取指紋。雖然脫皮好像很噁心，但有時候亦因為表皮脫去的現象而使一些舊有的紋身及傷疤重現，這些都是可以幫助尋找死者身分的方法。

的確，浮屍因為水的關係使DNA不能容易抽取，指紋也會被破壞。不過如果死者的牙齒保存得好，有機會能從牙齒抽取DNA做身分鑑定。大前提是牙齒的琺瑯質沒有受到破壞，生前牙齒也沒有任何齒科疾病。當然，如果在屍體化成骸骨後才找到的話，就要透過骨頭去推斷有關死者的資料，要尋找到身份的難度亦會越來越高。

創傷痕跡分析：死時創傷、死後創傷

至於要分析死者有沒有經歷過任何不人道對待，或是兇手是否在殺人後製造了另外一個故事去隱藏真相，這可以透過分析屍體身上及骨頭上的創傷痕跡及分佈來推敲。

「創傷痕跡分析」在人道及法醫學上都是非常重要的一環！跟軟組織上的創傷不一樣，法醫人類學家只能從創傷或兇器留於骨頭上的痕跡作仔細分析。從人道主義看來，這類型的研究雖然未必能為於災難性或大屠殺事件中的死者尋找身份，卻有收集戰犯罪證，為被欺壓的群體發聲的作用。而創傷發生的時序尤其重要，例如：哪些是致命傷？有否多次被蓄意打傷？

死後創傷通常都是來自外界壓力加諸於已經喪失了彈性及韌性的乾骨頭 (dry bone) 上。這屬於「殯葬創傷」(taphonomic fractures)。這類型的創傷可以基於溫度的改變、有動物來獵食，甚至是周邊植物因其自然生長而造成施壓，例如：大樹的根，甚至簡單如土葬覆蓋於屍體上面的泥土等。

要評估是否為死後創傷，專家必須從骨折的角度、骨折折口邊緣的痕跡等來判斷。至於「死時創傷」的定義卻有商榷餘地。學者 Sauser 指出這些創傷為傷痕痕跡，約於死亡時間 (around the time of death) 造成。但是，這些創傷亦有可能是由死後創傷偽裝而成。

兩者其中最大的分別是骨頭裡的水分。以一個比喻讓大家比較容易明白：死時創傷的傷口痕跡就好比用手將一塊巧克力（室溫的最好）分成兩半，巧克力斷裂的切口邊緣，與巧克力的顏色是一樣的，切口邊緣相對的滑、有規則 (regular)，「不刮手」。這些都是基於在造成傷口時，骨頭裡面依然充滿水份、骨膠原等有機物質。

相反，死後創傷的特徵就如用手將一塊餅乾分成兩半一樣，餅乾斷裂的切口邊緣內層與餅乾外層的顏色不一樣（一深一淺），切口邊緣粗糙、沒有規則 (irregular)、「刮手」。這是因為骨頭造成這個創傷時，裡面的有機物質甚至水份已經消失。當然，差別能如此明顯是因為骨頭已經被擺放一段時間，但背後的道理卻不離其中。

不過，也請大家注意，一般法醫醫師如果沒有親身到現場，也沒有參與任何一宗的解剖工作，所有的解釋都只能按照科學理據及法醫學知識來分析。如果要從網路圖片去分析，隨著圖片的清晰度及拍攝角度的影響，很有可能無法透過清楚的檢查及檢驗，繼而得出結論。**基於法醫科及法證科的第一大前提：永遠不要單從一張照片去下結論，尤其是低像素的照片。所以因為不在現場就沒有辦法清楚檢查屍體的狀況，亦不能給予很肯定的答案。**

孤獨死的真相

回到文初的屍體發現案，伊薇特的屍體終被火化。相傳是《花花公子》時任主編休．海夫納（Hugh Hefner）承擔了火化及殮葬費用，但最後也得不到證實。不過海夫納的確有發表聲明，表示為伊薇特孤獨地離世感到難過。伊薇特的骨灰就一直由她的同父異母哥哥擁有，他更為伊薇特於教堂舉辦了悼念會，卻只有二十九人出席——大部分都是家人及數名失聯已久的朋友，而在追悼會上只有神父及哥哥發言。

整個喪禮都令伊薇特哥哥不明所以，為什麼他妹妹可以死去這麼久都無人問津？為什麼都沒有妹妹生前的朋友來憑弔？

伊薇特死前的幾年，除了努力寫自己的自傳之外，她更努力在上網結識朋友及伴侶，完全依賴網路上的生活。而現實中的她已經成為一個隱士，她沒有孩子、沒有參與團體活動、沒有任何社交圈子。發現她的鄰居蘇珊企圖了解伊薇特死前數月的生活，於是研究了伊薇特的電話帳單。蘇珊發現她死前的數個月，都沒有與家人朋友聯繫，反而是與網絡上主動聯絡她的支持者通話。

伊薇特的演藝事業在登上《花花公子》後，改了航道，成為了當時巨獸類科幻電影的標誌。她在生時因為成為隱士，與周邊的人距離漸遠，而她的死反映了現時過分依靠網絡社交的恐怖狀況。她的死訊佔據了多份美國報章的重要版面，與生前的隱居狀態差距極大。

如果不是因為鄰居蘇珊的關心，伊薇特不知道還要在暖氣旁邊多少年才會被發現，甚至永遠都不會被發現。她以她的死亡向我們訴說，獨居及孤獨離世，這個必須要被正視的社會問題實況，不得不讓我們思考可以如何改變或互相協助。

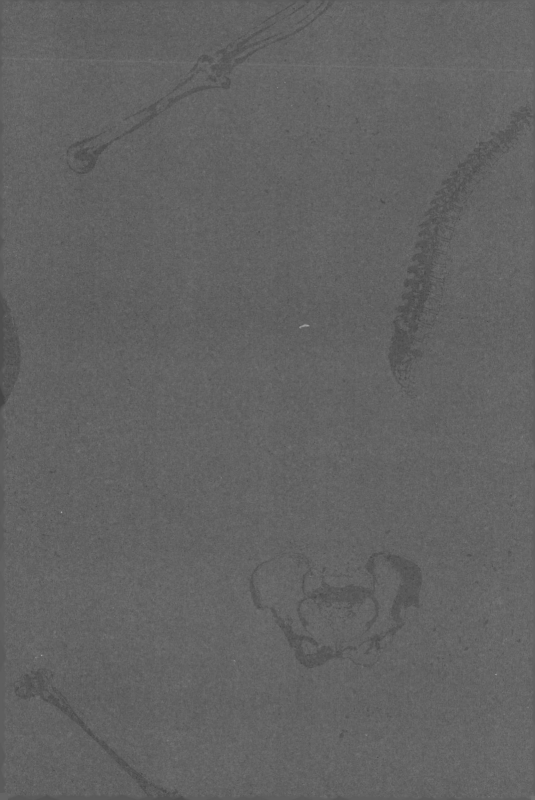

The Bone Room

Chapter 12

/ 骸骨的秘密

在二〇〇八到二〇一二年間，考古學家於英國一古老醫院的遺址進行挖掘工作，並找到多副人類骸骨。其中一副屬於一名來自約公元十一到十二世紀，頗為富有的男士，年齡約為十八到二十五歲並死於痲瘋病。

我們到底是如何知道所有有關的資訊呢？透過人體解剖學。

人體解剖學的濫觴

自十五世紀，達文西繪製了人體素描後，人體解剖學的實證研究開始崛起。按照《人體交易》的資料搜集所得，最早的整副人骨標本可追溯到一五四三年。但透過在人類身上實際施刀來學習解剖，並非自古以來的常態。在文藝復興時期，知名人體解剖學家安德雷亞斯．維薩里 (Andreas Vesalius) 出現之前，所有對人體的理解及醫學文獻，都建基於古希臘的外科醫生蓋倫 (Galen) ——在最初期的醫學發展，礙於當時希臘宗教信仰及價值觀等因素，蓋倫不能對真人作解剖研究，他遂轉移至動物身上，透過解剖動物如猴子及狗，建立相關知識。但也由於當時的醫學院教材主要都是蓋倫的文獻，而不是人體本身，因此醫學生都誤解了所有跟人體結構有關的理論，包括：血液循環的方向、各重要器官的位置等。大約一千年後，維薩里「反叛」的出現才開始顛覆整個人體解剖研究方向。

當維薩里研究建基於蓋倫的人體解剖學時，發現其文獻所寫與人體建構不一樣，繼而捨棄蓋倫的學說，並寫下《人體的構造》（原文：De humani corporis fabrica libri septem，英譯：On the Fabric of the Human Body）一書，配合達文西的描繪，為解剖學及現代醫學奠下基礎。早在十六世紀的英國，亨利八世就允許透過解剖死囚（碰巧大部分是男性）學習醫學。及後到十八世紀中期，「死後遭解剖」乃被判處終極懲罰之一，但只限用於謀殺罪名上。當時女性很少與這個罪名扯上關係，更莫論是死刑，因此缺乏解剖女性的證據。

考古學家 Jenna Dittmar 及 Piers Mitchell 最近就死後相關的醫療行為 (postmortem medical practice) 進行研究，透過分析醫院墳場的骸骨，發現在美國及英國，骸骨曾被解剖兩至三次。除了男性骸骨，他們亦從女性骨骸上找到類似的痕跡及頻率，於是更想透過這些骸骨，找出前人對待男女性屍體之異同。他們共研究了九十九副骸骨——七十四男、二十五女，全部來自十九世紀後半的倫敦皇家醫院 (The Royal London Hospital) 及牛津大學 (University of Cambridge)，結果指出，每一副骸骨上都找到解剖工具留下的痕跡。

研究團隊將所有找到的痕跡記錄下來，並與歷史中記載的解剖過程及描述做對比，找出整個過程的始末。其中有趣的是，他們發現用來開頭顱的鋸齒上，雖然角度並不一致，卻都是從左邊開始鋸開頭顱骨。他們亦發現，骸骨連臉部及眼睛都曾被解剖。而在這九十九副的骸骨當中，其中有三副的頭顱更從頸椎就開始被鋸開，與身體分離。

另外，他們亦在多隻「斷肢」上找到不同切割痕跡。研究團隊推論，是當時因為缺乏屍體來學習解剖，而衍生出來的學習「風氣」：「屍體分享」(cadaver sharing)，當中亦不乏女性屍體。研究團隊由此推斷兩性死後被對待的方式並無不同。這個分享屍體的學習方法，讓負責解剖的人把屍體抽離了死者的性別(gendered) 枷鎖。

果然，在死亡面前人人平等。

人體中最奇妙的物質——骨頭

但到底無言的骨頭，如何能幫助我們去了解死者的資訊呢？

骨頭是我們生命的基礎之一。在我們剛出生的時候，骨頭沒有完全發育，這樣能使我們能夠比較容易離開母體。出生時的我們有約三百多塊骨頭，然後當我們一路成長、發育，骨塊與骨塊，又或是骨塊與「骨骺板」(epiphyseal plate)，又或稱「生長板」(growth plate) 融合。透過骨骺板與骨幹的活動，我們會在小孩及青春期時長高。因此，骨頭不論任何時候都不停地在變化、在改善、在成長。

骨頭，是一種極具生命力的器官。它一般被形容為充滿豐富血管和神經的系統，其細胞亦不斷更新及死亡。但光是這個描述，對骨頭來說未免不夠公平。因為，骨頭是因為進化論而意外地演化出來，在身體中最有趣、最奧妙的物質。當然，對我們來說，骨頭最重要的作用是要支撐著我們身體，並且作為一個框架及保護我們的器官。它不會動，卻能讓我們動。即使每一種動物的骨頭框架都不一樣——有些骨頭會演變成為菱角、翅膀等，卻幾乎每一種生物都有這個結構組織。

骨頭最初在我們還是胎兒的時候，開始以軟骨模型 (cartilage models) 呈現。隨後，負責製造骨頭的細胞會以礦物質組成的成分，例如磷酸鈣等，取代這些軟骨。隨著造骨細胞 (osteoblast) 不停的在這個軟骨表面繼續放置更多礦物質，骨頭會慢慢變得強壯並且堅硬。而骨頭裡面的空間會慢慢被神經線、血管等養分輸送管道佔據。在我們生存的時間，造骨細胞會不停地在骨頭上添補礦物質，並且配合破骨細胞(osteoclast)以製造一個平衡的環境及框架。

破骨細胞能夠利用酵素分解已經沒用的礦物質，讓造骨細胞能夠指派更多更有用的礦物質到骨頭上。這個情況就好比當要為一間房子裝潢的時候，必須要先把不要的部分拿掉再把新的部分裝上去，才能夠達到裝潢的理想效果。

從生物化學層面來說，骨頭是由有機物及無機物兩者混合構成。有機物，例如：骨膠原，約佔骨頭總重量百分之三十到四十，可以讓骨頭具有韌性；而無機物，例如：磷酸鈣，可以增添骨頭硬度。骨頭中有機與無機物的比例，會隨著人的年齡有所變化。兒童及青少年的骨頭裡面的有機物很多，反而無機物的含量較少，因此骨頭的硬度較弱但韌度卻很強，因此要造成完整骨折需要很強大的外來力。

相反的，老年人骨頭中有機物的含量少，無機物含量多，因而使骨頭結構脆並且很容易折斷。成年人骨頭的有機物比兒童青少年少，卻比老年人多，無機物的比例亦是屬於青年及老年人中間，因此，他們骨頭的硬度強卻缺乏韌度。

人體的奇妙在於，從骨頭及牙齒在娘胎內開始生長，骨頭的生長速度及進程是依循著一條既定路線前進。在尋找死亡年齡，判斷是否為兒童時的準確做法，莫過於從牙齒形成、出牙的進程、骨頭生長、骨頭融合速度等方向進行分析。而成年人則相反：我們多半是觀察骨頭的損耗程度。科學的每一小進步，都是協助我們這個「最後證人」辯證的工具。

從骨骸判斷性別

在建立骨骸檔案時，推斷死者性別 (sex) 及年齡都是兩樣異常重要的項目。辨別骨骸性別非常重要的一個原因，是因為當你在推斷了性別後，就等於排除了一半以上的可能性，令搜索範圍變小，更集中。另外一個很重要的原因是，在很多鑑定年齡的技巧當中，很多時候按照不同性別會有不同的結果。所以，要準確推斷骸骨年齡，性別的推斷是必須的。

在二十世紀初，駐美國人類學家 Aleš Hrdička 為現代的骨頭研究奠定了深厚基礎。他為美國國立自然史博物館 (U.S. National Museum，現今為史密森尼學會監管) 的第一任館長。在他任期內，他研究的骸骨都只被分為男性或是女性，沒有例外。以當時來說，可以說是一種頗為約定俗成的研究取向。

密西根大學(University of Michigan)科學家有如Fred. P Thieme及William J. Schull在一九五七年的文章寫道：「性別，與其他人類表型特徵不同，他不是一個會持續變異的因素，而是一個清楚以雙型態分佈的特徵。」(Sex, unlike most phenotypic features in which man varies, is not continuously variable but is expressed in a clear bimodal distribution.)這個推斷骨骸性別的雙型態模式按照紀錄，影響了法醫人類學科研成果數十年。

直到一九七二年，賓夕法尼亞州立大學(Pennsylvania State University)的榮譽退休教授Kenneth Weiss發現在多個考古遺址找到的骸骨統計，每個遺址中的男性骸骨都比女性的多出百分之十二，按照他的理解男女的比例應該是各一半才對。在Dr. Weiss探查後，他總結了在判斷性別時，很多時候都有種抵擋不住的「誘惑」，將骸骨定為男性或是女性，不論是以整體感覺、身高、骨頭大小等。因為他的發現及報告，相關研究守則開始慢慢改變。**從那時開始，判斷性別時，法醫人類學家除了有「男性」(male)、「女性」(female)這兩個選擇之外，還多了一個「不確定」(indeterminate)選項。二十一年後，當時一名碩士生Karen Bone再作研究時，**

發現之前骸骨性別不平衡的問題已經消失了。

性別——或可以稱為具有男性骨骸特徵 (maleness) 及具有女性骨骸特徵 (femaleness) 的骨骸，是基因 (genetics) 及生物化學 (biochemistry) 的「交流」所致，而這種相互交流發生在整個身體的任何一個組織，包括腦部。法醫人類學必須要注意到在骸骨上看到的特徵及變化，都是一個非常複雜的性別基因藍本與生物化學的「交流」。

就好比，藍色加紅色，一定是紫色，但在混色的過程中，必定有些位置是比較多藍色，或是比較多紅色，因此到最後會出現不同深淺度的紫色。骸骨也一樣，基因與生物化學的「交流」的關係，有一些男性的骸骨也會帶有女性骸骨的特質，又或是某些女性骸骨也因為基因的緣故，而有更突出的男性骨骸特徵。**性別二態性的差別越大，法醫人類學家判斷出來的性別就會越準確。但，我們必須要緊緊記著，背後全都是體內的「生物化學」搞的鬼，這都不是直接說明骸骨本身的性別，甚至基因顯示的性別。**

因此，除了一般的盤骨、頭骨會用來推斷性別之外，法醫人類學家還會按照骸骨發現地區、國家，來斷定是否符合他們自己判斷性別的特徵。以一個與荷蘭人有關的研究為例，荷蘭人是整個地球上被認為最高的「民族」(race)，但他們的嬰兒出生時的大小，和其他國家的嬰兒相比沒有特別不同。

因此，他們的婦女沒有太多產科併發症 (obstetric complication)，相信是因為從身體比例而言，荷蘭女性的盆骨比較大，不需要因為適應生小孩而特別變化。反之，來自其他地區，特別是身高較矮的女性，因為要遷就生產嬰兒的關係，荷爾蒙會協助盆骨適應生產需要。這些女性的盆骨與男性的相比，就會有比較大的分別，性別二態性 (sexual dimorphism) 比較明顯。這個研究說明，若從荷蘭人的盆骨來推斷性別時，會比較困難。

沒有任何法醫人類學家，會如電視劇般只單一用一個體型特徵來推斷性別。為了提高準確度，如果在分析時，以成人骸骨來算，能夠以一整副骸骨進行分析的話，分析性別的準確度可以高達百分之九十五。

Chapter 12

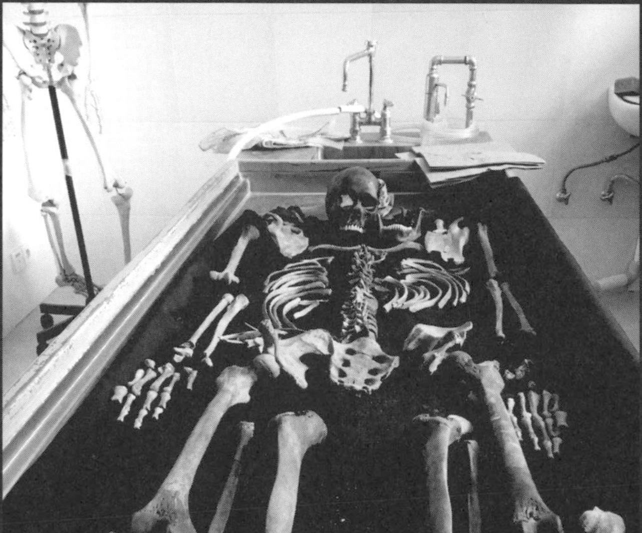

駭骨在清潔好後，會依照解剖體位排放好，才開始進行分析。

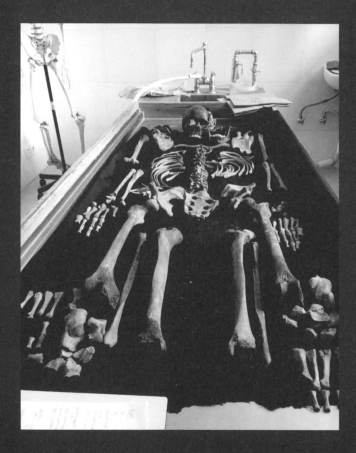

「骨頭」在歷史文化進程上扮演極重要角色

至於在推斷任何關於生前活動甚至工作的痕跡時，必須留意骨頭的構成、韌度等都是受很多因素影響，尤其是男女骨骸之間的差別。隨著人從狩獵採集（hunter-gatherer）的生活模式，轉向一個比較靜止及以農業為主的生活模式，他們的骨頭其實沒有什麼差別！從前（發現於中歐，介乎公元前五二〇〇年到公元一〇〇〇年）人類的脛骨，因為經常跑步受肌肉的影響，比較彎及粗壯，演變到今日，人類的脛骨較直及相對地沒有那麼粗壯，原因是因為我們耕作多而少運動。這個分別只多發現在男性身上，女性的脛骨演變沒有太大差異。

有些研究認為，這是由於史前女性多從事家居的工作，因而沒有男性那麼強壯。不過劍橋大學裡的一名人類學家的研究，對這個假設提出動議——從他的研究指出，我們一直都簡化了史前女性的工作量，認為應多半屬於靜止活動或是做得比男性少。但這名人類學家的團隊，利用3D雷射影像科技（3D laser imaging system）去記錄共八十九塊脛骨及七十八塊上臂骨。這些標本分別來自中歐的新石器時代（Neolithic，公元前五三〇〇年到四六〇〇年），銅器時代（Bronze Age，公元前三二〇〇年到一四五〇年），鐵器時代（Iron Age，公元前八五〇年到公元一〇〇年）

及中世紀（公元八〇〇到八五〇年）。

同一時間，他們亦邀請了劍橋大學的有運動背景的女性學生，包括賽跑手、足球員甚至賽艇手及一般女學生（即沒有運動背景）參與研究，以CT電腦掃描獲取他們手部及腳部的X光。

分析下來，脛骨如同以前學者的研究結果一樣，都是沒有太大轉變。但是當分析手臂骨的變化，則有一個新的模式出現：來自新石器時代、銅器時代及鐵器時代的史前標本，都有著比現今女性手臂多百分之五到百分之十的骨頭強度。比較之下，史前時期的女性手臂與現今賽艇手的手臂比較像。這標明了當時的女性需要使用與賽艇手同樣的力量去挖溝渠、搬動耕作需要的籃子、工具及磨穀物。由此可以見證，史前女性的依然需要做勞力需求大的工作，對上半身的能量需求比較大。相反，男性的工作則集中於雙腳的能力。

當然，骨頭可以按照生物化學來定義，把骨頭從過去數百年甚至千年的演變，以統計學的數字呈現，但這樣其實也無法很清楚地了解骨頭背後經歷的一切。

但說實話，骨頭是一項端看是由誰去觀察，從不同觀察者的角度就會分析出不同的故事。骨頭在我們文化中的地位，就如隱藏在我們體內一樣——很安靜，我們很少會去直接談及它，它卻靜靜地記錄著我們生活日常的一切。同時，骨頭在不同文化有不同的象徵意義。我們人類一直都有用骨頭製作成樂器、珠寶、收藏品、宗教信物等等。**骨頭在我們文明中，其實並不只是科學研究的一部分，不只是生物學的一部分，更是文化、歷史及社會的一部分。**

因此，**骨頭能夠向我們訴說不同的個人的獨立故事，也同時間編織著整個世代人類與骨頭的關係。**而這個關係，必須要透過多種角度及文化歷史上的整體理解。即使在死後超過數百年，只要骨頭存放在適當的環境都能得以保存，並且透過骨頭上面的特徵去讓我們辨別身份。透過現今的科技與工具，例如手攜式X光機能夠讓考古學家或是相關人士，解讀骨頭的提示及特徵。這源自體質人類學這個專業的知識，讓學者們能夠透過骨頭拼湊出前人的經歷及分辨出一些影響整個族群的重大歷史事件。

謙卑地面對，生命最終與最忠實的記錄者

骨頭，從數以百萬年的演化歷史以來，就支撐著我們的身體，使我們能夠活動及作為我們身體內在的支架。它隨著我們的生活方式，而每個人都會有所不同，繼而衍生了每個人骨頭的獨特性及多樣性。換另一個角度，骨頭也紀錄了我們一直以來生活的方式及習慣，猶如隱藏在每個人身體裡面的專屬傳記一樣。

它可以說是我們肉體最後的一個拼圖，提醒了我們人生、生命走到那一刻就已經到了盡頭。頭顱的文化象徵意義更不停提醒我們這個命運。

在與這些骨頭面對面的時候，亦等同提醒了我們正在凝視的是一個「人」。遊走在文化、歷史及生物之間，我們嘗試了解彼此。越接近骨頭，或許就越能看到不想看到的那個自己，又或是可以看到被同化、被世俗所綑綁及加諸於身上的價值。這些都不一定是容易的。

因此，解剖學訓練的不只是關於人體結構，它教授關於生死，人性與利他主義，尊重及尊嚴這些大哲學命題。它，是修行的一種。整個學習過程都是非常個人的。

當你了解到解剖學的美好，就會想將這份心意傳承給後代：讓其他人都可以學習人體結構的奧妙及進行他們自己的心靈修行。

學習解剖的人當然站在古希臘的醫學巨人希波克拉底(Hippocrates)及蓋倫(Galen)，他們的繼承人李奧納多．達文西(Leonardo Da Vinci)及安德雷亞斯．維薩里(Andreas Vesalius)的肩膀上，他們的繪圖、研究知識都是我們學習的基礎。

作為一個在世、活生生的人，無論有多麼常接觸死亡，你跟它依然走在平行路上，互不交集。透過進入解剖學領域，瞭解解剖學的美，它就如同一道連結這兩個平行世界的橋樑！只要曾經走過這道橋的人，都不會忘記各種的學習與經歷，因為從第一次走上這道橋開始，所有一切都會喚醒你身體裡面的每一條神經，那經驗就是如此特別！

Chapter 12

細心地將碎骨拼湊起來才開始正式分析。

結語：導致強行分離的棒棒糖

於生者我們有欠體貼，但於死者我們只欠眞相。

To the living we owe respect, but to the dead we owe only the truth.

——伏爾泰，致杰農維爾書信
(Voltaire, Letter to M.de Gernoville)

美國夏威夷的摩洛凱島（Molokai）北岸有一個半島，被世界最高的海岸懸崖所孤立，只能以徒步或是小型飛機的方式前往。雖然，地理環境相對險峻，卻有著非常漂亮的自然景觀。誰知道，因為它險峻的環境及被孤立的地理位置，竟然成了替夏威夷背負著一段黑歷史的主要原因。

這個位於摩洛凱島的卡勞帕帕（Kalaupapa）社區是歷史上隔離痲瘋（leprosy）病人的地點。具體來說，在卡勞帕帕一共埋葬了約八千名夏威夷居民，他們全都是因為這個疾病而被迫遷移到卡勞帕帕的受害者。

在一八六六年開始，不少夏威夷人都出現了痲瘋病的症狀，由於當地原住民的免疫力很低，這個疾病很快就傳播至整個島嶼上。痲瘋病最初是由入侵後定居於夏威夷的歐洲人所傳入。當地人對這個疾病的了解有限，只知道痲瘋病會影響及破壞神經系統，喪失控制肌肉功能，失明，甚至相傳會導致肢體脫落。

在當時的夏威夷，只要任何一個人，不論是小孩、青少年、母親、年邁的祖父母，只要有任何痲瘋病的病徵都會立刻馬上被迫離開家裡，用船送到位於卡勞帕帕的隔離區 (quarantine)。對於被隔離的人來說，就如同被判了死刑一樣，只是他們並不是因為犯下滔天大罪。

被重寫的痲瘋病歷史

痲瘋病，又稱為漢生病或韓森氏病 (Hansen’s disease)。它與肺結核 (tuberculosis) 一樣，是屬於分枝桿菌病 (mycobacterial disease)，由痲瘋桿菌 (Mycobacterium leprae) 所引起的一種慢性傳染病。由於這類形桿菌是由挪威學者漢生 (Gerhard Armauer Hansen) 所發現，因此亦有以其姓氏命名。痲瘋病是經由飛沫傳染的慢性傳染病，透過鼻腔的黏膜及呼吸道吸收而感染。這個傳染病並非高度傳染病，亦不能經由皮膚接觸傳染。人類對痲風桿菌的易感性很不一致，端看患者的免疫力高低，因此臨床特徵也相對多樣性[1]。而痲瘋病患的骸骨，特別是手指、腳趾等地方都會出現一個稱作「sucking lollipop」的徵狀：骨頭因為疾病的關係而變得像吃過的棒棒糖一樣。因此，當我們檢查及分析骨頭時如果看到這個特徵，就會很容易聯想到死者生前患有這個病。

痲瘋病的歷史悠久，相傳是源起自東非或是遠東地區，然後傳至歐洲，再抵達美洲。按照歷史記載，第一宗痲瘋記載出現在西元前六〇〇年的印度宗教典籍中，描述了患病喪失手指及腳趾感覺的症狀。病人被棄置於荒野中自生自滅，甚至被燒死。

痲瘋病在中世紀時，於歐洲變得普及，其影響力更於十二至十四世紀攀至頂峰，隨後陸續消失。有學者推測，可能是因為肺結核的病發率變高，在某種程度上亦提高了痲瘋病的免疫力。但在二〇一八年，蘇黎世大學古基因學家Verena Schuenemann領導的研究團隊，在學術期刊上發表，他們透過檢查及分析了約九十具來自歐洲各地，公元後四〇〇至一四〇〇年古墓中，有因痲瘋病而造成骨骼變形的人類骸骨，表示痲瘋病或源於歐洲東南部、西亞，而引起中世紀歐洲病潮的痲瘋桿菌的多樣性更比一般認知的高。這個研究令有關學界不得不重新審視痲瘋病起源及歷史。同時，亦因為這個研究，將痲瘋桿菌肆虐人類的歷史推早了幾百年甚至數千年！

建立與死亡的友好關係

法醫科，是一門專門為未來而作準備的專業。這個靠死亡而不停運轉的引擎，在它的推動下，我們的確多了很多途徑及方法去研究有關死亡的知識。它也是一副可以讓人類文明走得更遠的引擎，提供我們去創造、去思考、去學習、去愛的動力。在學習及研究過程中，我很榮幸能夠遇到他們每一副骸骨——不論是考古材料還是死於不同戰爭中、被滅聲的受害人，都均以其專屬的「骨頭密碼」向我分享他們的秘密及其在人生中的各種體驗。

1 痲瘋病按照五級分類法分為：結核樣型痲瘋（TT）、界線類偏結核樣型痲瘋（BT）、中間界線類痲瘋（BB）、界線類偏瘤型痲瘋（BL）、瘤型痲瘋（LL）。

在今天，這個強調分化、強調差異的世界及大氣候中，這些無聲同伴則努力向我反證當代的相異理論，他們向我表達：不論來自什麼地方、宗教背景、社會文化，甚至不同年代、時代也好，我們都不一樣地一樣在學習他們生前的故事。

但同時也令我困惑：現今人們能利用最先端的科技及裝備，將人類活動推往極限，去征服最高的山峰，走遍世界任何一個角落，嘗試發掘及探索外太空領域、其他星球上的一切。但，於此同時，也以同樣的態度將人生最基本的「終點」拒之門外，希望可以避而不見。這種忌諱令我們在世時拒絕與死亡先互相了解，情願保持沈默。

不過，拒絕認知死亡的沈默態度並無法阻止事情的發生，只會徒增恐懼害怕——害怕自己的至親有一天會離自己而去，不敢去想像後果，同時，亦害怕面對自己的死亡。這種惡性循環，讓我們忘記了如何坦然地死，及如何去關懷那些在死亡邊緣掙扎的人，到最後更忘記如何去哀悼。

小說《科學怪人》(Frankenstein) 的作者瑪麗．雪萊 (Mary Shelley)，認為她的「母親」是一塊墓碑。由於她沒有機會認識自己的父母，她只能透過在父母的墳前閱讀他們的著作，孕蘊出與母親的聯結。因此，對於瑪麗．雪萊來說，墳場並不是一個冷冰冰只有墓碑的地方，而是一個充滿知識及能夠協助她與母親溝通及建立關係的地方。當然，在《科學怪人》中亦反映出墳場對她的獨特意義。故事主人翁曾經講道，「要理解生命就必須要追溯至死亡」(to examine the causes of life, we must first have recourse to death.) 如同在小說情節中，科學怪人是透過不同屍體的屍塊組成，瑪麗．雪萊的小說創作，就是用其母親的著作加上自己的個性，構成一個與別不同的「怪物」。

關於死亡，我們需要的不是接受保護，而是找到自主權。生來就要面對身份定位迷失的瑪麗．雪萊，能夠透過亡者留下的隻字片語，加上自己的創造力及自主，將原本親人自小離世一事幻化成一個機會，締造了一個讓自己「重生」機遇。同樣，從事法醫人類學專業的我，在面對各式各樣的亡者故事時，我視他們為一個機會，而不是一個障礙。是一個可以讓我透過亡者，去重新與欣賞生命的一個好機會，甚至是對於可以存在於這個世界上的一份感激。

這些都是來自全球，協助我進行骨骸研究的前人，以多角度、多副骨頭來向我訴說的秘密。在能夠感受生命的時候，全力感受，因為與活著的一百年比起來，死亡的時間來得更多及更長久。當在面對很多不公平、受逼害等等情況的案件時，我會不自主地聯想自己到底有什麼可以做，到底如何可以改變世界；我會特別對於自己經歷過的及擁有的，更加感恩及感到知足；我可能對某些事情會慢慢建立起政治相關的立場；甚至會於一個新的地方慢慢融入當地文化、學習當地語言。無論當下對於工作的反應是如何，可以肯定的是：從我離開工作案件的那一刻開始，我已與經歷工作案件前的那個自己不一樣了。

勿忘你終須一死

歷史上的痲瘋病患者一般都是被社會厭棄、隔離的一群人，甚至會遭到處死。舊約聖經裡對於痲瘋病有詳細的解讀：無論男女，只要在皮膚上出現了類似痲瘋病的症狀，需要接受隔離七天，以觀察病情是否發散及是否確實為痲瘋病。如果一個人最後由祭司確診為痲瘋病，他就被定為不潔淨，此為褻瀆之意。痲瘋病患者被視為有罪的人，是因為內在的罪而得到神的懲罰。因此從中古世紀早期，歐洲出現了很多為痲瘋病患所舉辦的「隔離」儀式。患者會被放在空墳中，然後灑上少許的泥土，教士就會宣告此人已經死亡，並會在末日審判時復活。儀式結束後，親友送上金錢及食物給患者，並將其引領到城外，正式將其驅逐。他在法律上不再具有一個活人所擁有的權利、財產，成為了社會中的活死人。

透過法醫人類學及生物考古學等專業，令我們可以從另一角度，了解這些曾經在某個世代的活死人的病症及經歷，除了了解他們在生理上疾病症狀之外，更能讓我們知道他們在當時社會的文化及歷史地位。我們透過「骸骨」這個時光機不但了解了過去的悲劇，現今的處理手法，更重要的是讓我們為未來做好準備。

當然，我們的觀念不免會被傳統甚至文化侷限。如人類歷史曾上出現以美學甚至藝術角度來看待解剖學，及正視我們的人體結構。但不知從何時開始，美學、人文及科學被利刃冷冰冰地分割。這都歸咎於我們今天把老、病、死這些話題遠遠的隔離在日常生活之外。

近年，印度及尼泊爾都有不同的案例顯示痲瘋病依然肆虐，對當地人構成困擾，尤其是女性。歷史上曾經因為同一種病被嫌棄的族群，將會重現在我們這個世代當中，甚至雙重邊緣化！到底我們有沒有從前人給我們上的一堂課中，體會到什麼？有沒有從歷史的教訓中學會什麼？哲學家伏爾泰說人們對生者有欠體貼，對死者有欠真相。如果我們忽視了由前人留下的史實，我想我們不只是對生者有欠體貼，更是對那些曾為逝者而努力的人們有所虧欠，甚至愧對了每一副讓我們研究的骸骨的人生。

每一副骨骸為後世所保留的秘密，而每一個秘密所隱藏著的都是同一個大道理——「勿忘你終須一死」(memento mori)。他們以「死亡」回覆著我對生命的疑問。這個結局，不論主角的性別、身份、權力、生活水平、社會地位、性取向、宗教、地域、政治取向等等的標籤，所有人都是一樣。

每一個人都無可避免地會死去，而我們所經歷亦是未來人類要上的一堂課之一。這種透過死亡及骸骨連結過去、現在與過去的循環，生生不息，推動著我們整體向前邁進。

鳴謝

就在二〇一八年初的一個下午，收到了一封從沒有想過會出現在我郵箱的郵件。寫信給我的正是La Vie的編輯黃阡卉小姐。

從二〇一七年收到香港花千樹出版社的邀請開始，《屍骨的餘音》系列就陸續在接下來的兩三年誕生。到二〇一九年的五月底，這個系列、我自己跟我的讀者暫時完成了我們過去三年的「五月之約」。回顧過去，每一本出版後都得到很多讀者及媒體的錯愛，這個情況是我沒有估計過。到現在我依然覺得很不可思議！我記得我最初在《屍骨的餘音》初版剛推出時，都怕會滯銷，不敢問反饋，不敢奢想再版，那敢妄想說有第二、第三集。

這種不真實感在我讀著阡卉給我的郵件時又再來襲！我記得當時我反覆把郵件讀了兩三遍，然後空置了半個小時再回去讀一遍，怕自己理解錯郵件裡面的每一字每一句。「天啊」，我心想，「台灣的出版社邀請我合作耶！」在再三確認沒有理解錯誤後，我重拾「形象」開始回信給阡卉。就這樣，開始構思書本的方向及大綱。

老實說，我並不覺得我行文用字有多好、有多優美，我只是喜歡寫作這個過程。我喜歡寫作是因為它讓我的思緒異常清晰。我記得很清楚，是在二〇一二年六月的一個下午，我與我當時的室友在紐約第五大道的嘉年華遊蕩，走到中間分道揚鑣後，我被一名不認識的吉普賽女士叫住。我當下是想逃跑的，不過因為她的一句話令我停下腳步。她叫我伸手讓她看看，然後問我說：「你很喜歡寫東西，對吧？」我點頭，（當時的我的確很喜歡寫哲學文章，覺得整個寫作過程很療癒）她接著很堅定地說：「妳一定要繼續寫！無論寫什麼都好，必定要繼續寫！你的文字會為你帶來意想不到的收穫！」我對她說的話一直都沒有太在意，反而覺得怎麼可能？直到過去幾年開始寫書出版，她的話又出現在我腦海裡。與阡卉商討有關這本書的合作計畫，讓這位女士的話語又在我腦海裡響起。

本著這個覺得一切都不可思議的心，我理所當然的應該先感謝我的編輯阡卉。辛苦她在過去這段時間包容我那寫作行文不順、詞不達意的時候。同時也要謝謝 La Vie 出版社及他們母公司城邦文化，感謝對我的作品充滿信心。

另外也要特別感謝為我這本作品作專業推薦的：《百工裡的人類學家》創辦人 宋世祥博士、臺大法醫學研究所 孫家棟教授、臺灣警察專科學校的科技偵查科副教授 曾春僑教授、辦疑案團隊及香港的《立場新聞》科學版編輯 趙偉倫先生，以及泛科知識公司知識長 鄭國威先生聯名推薦。謝謝他們對我文字的信任，以及對我著作的肯定！

也要特別感追蹤我臉書專頁《存骨房》的每一位讀者。沒有你們支撐著，我這個專頁及上面的所有文章都不會成功。

最後，我更要特意藉著這個機會感謝於我前面的諸位法醫科及法證科專家，沒有他們的堅持，大屠殺、亂葬崗等地方的屍體永遠都不會被發現，更莫說他們的身份！更要多謝的是每一位尊重生命、人道主義的工作者，他們對人生命值得尊重的這份執著，是伴著諸位走過當中每個難過的夜晚。無論你有否讀到這本書與否，原本無聲的工作都必須得到支持！

當然亦要鳴謝我們一直合作「沈默的證人」們，我存骨房裡的好朋友、兩千多名「好夥伴」！他們用一生所經歷的讓我學到了很多，讓我從他們的骨頭體驗了、解讀了他們的故事。更重要的是，教懂了我如何看待生命，接受死亡這些重要的道理。

我很幸運，在過去這兩年，我藉著出書來台辦講座及我的專業認識到很多很酷的人，包括現在在閱讀這本書的您！縱使我已經有在不同的國家、地區有做法醫人類學相關的工作，但我仍然覺得自己在這個專業裡是一個學生，依然不停在這個浩瀚無際的領域裡面，盡力學習最多的技巧、技術及知識。為的，只是想本著當初的初衷——為死者找回尊嚴及發聲，為家屬找到答案。在這段日子，不論是工作，甚至也受到大眾的質疑，甚至是不尊重的對待。但比較起來，支持的聲音比這一切都要大聲！我實在非常感激支持我的每一位。

在每一本書我都會特意鳴謝我一路走來的恩師，這次也不例外，李衍蒨能走到今天這一步，每一位都是功不可沒的（排名不分先後）：Prof. Felicia Madimenos、Prof. Tanya Peckmann、Ms.

Xenia-Paula Kyriakou、Prof. Elzbieta Jaskulska、Dr. Rafał A. Fetner、Dr. Emiad Zakariya、Dr. Bruce Hyma、Mr. Mouzinho Correia、Ms. Amy Perez、Mr. Franco Mora 及 Ms. Valeska Martinez Lemus。

同時，亦感謝父母、弟弟及其他家人的一路支持！謝謝各方好友令我在寫書期間的每次聚會都讓我大笑到哭，有效減壓！

最後的最後，無論你現在是安坐家中、在車上、在沙灘（在沙灘上讀也是另一享受）或是咖啡廳裡，如果能成功堅持到這邊的話，請讓我致以最深的謝意。我知道我寫的文字、題材不是最容易接受的，我萬分感謝你們願意去感受書裡的畫面、背後的意義及意思，及思考相關的概念！感謝你們與我及書中所有骨頭、前人的故事一起度過一段美好的時光，而現在已經成為我們的回憶。

每次書本出版後，我都盡力從不同渠道收集讀者對書本的意見。這本亦然，我希望我能從不同渠道收到大家對我跟我的書的意見及批評，期待著你們與我分享閱讀心得的，保持聯繫！

願我們能很快再一起分享不同骨頭的經歷及故事！

參考資料及延伸閱讀

這本書寫於自由之夏、自由之年，心情難免複雜。本來寫一本書就已經不容易，處於這樣的情況令整個企劃難上加難。

寫關於法醫人類學的書的工程非常浩瀚！人類學是一個多元、注重全面觀的學科。法醫人類學尤其更甚，集所有專業於一身：醫學、法醫科、歷史、社會學、風俗文化、哲學，可以參考的文獻及資料數量之多難以想像！特別是這次寫關於歷史上不同的骸骨故事，參考的文獻都更有趣更多元。我盡力就我討論的主題提供一個概括的介紹、文獻參考、報道、人類學及法醫學知識等。當然，這都是我以各個前輩及學者花心血研究的冰山一角，我亦沒有要以偏概全的意思。如有任何遺漏，歡迎各讀者提供補充。

以下是在寫此書時參考過的所有資料。資料的屬性偏大眾化，所以就算不是熱衷學術範疇的你都可以放心閱讀。

由於大部分都是由我於編寫時從英文翻譯成中文，內容以參考資料的原文為準，如有任何錯漏，均屬我於翻譯上的錯誤。

前言・骸骨跨越時空的旅程

· Edge, J. 2018, September 26. Diagnosing the past. Wellcome Collection. Retrieved from: https://wellcomecollection.org/articles/W5D4eR4AACIArLL8?fbclid=IwAR13JK9b7D96zABIaON9UwcoX-mehrp7CLx3zQEO5nLb4_erSJAvGbqyUB8
· Switek, B. 2019. Skeleton Keys: The Secret Life of Bone. New York: Riverhead Books.

一、沙漠禿鷹

· Blau, S. and Briggs, CA. 2011, February 25. The role of forensic anthropology in Disaster Victim Identification (DVI). Forensic Sci Int. 2011 Feb 25;205(1-3):29-35.
· Cattaneo, C., De Angelis, D. & Grandi, M. 2006. Mass Diasters. In A. Schmitt, E. Cunha, & J. Pinheiro, (Eds.), Forensic anthropology and medicine: Complementary sciences from recovery to cause of death. Totowa, NJ: Humana Press.
· Cunha, E. & Cattaneo, C. 2006. Forensic Anthropology and Forensic Pathology: The State of the Art. In A. Schmitt, E. Cunha, & J. Pinheiro, (Eds.), Forensic anthropology and medicine: Complementary sciences from recovery to cause of death. Totowa, NJ: Humana Press.
· Hannaford, A. 2017, August 20. Missing in the US desert: finding the migrants dying on the trail north. The Guardian. Retrieved from: https://www.theguardian.com/world/2017/aug/20/finding-migrants-who-died-crossing-the-us-border
· ICRC (International Committee of the Red Cross). (2015, April 16). Identifying the dead: Why ICRC is increasing its forensic expertise in Africa. Retrieved from: https://www.icrc.org/en/document/identifying-dead-why-icrc-increasing-its-forensic-expertise-africa

· Romero, S. 2018, July 13. They Have a Mission in the Desert: Finding the Bodies of Border Crossers. The New York Times. Retrieved from: https://www.nytimes.com/interactive/2018/07/13/us/california-border-deaths.html

· Sung, T. 1247. The Washing Away of Wrongs: Forensic Medicine in Thirteenth-Century China (Science, Medicine, and Technology in East Asia). (Brian E. McKnight, Trans.). Ann Arbor, MI: Centre for Chinese Studies, The University of Michigan. (Original work published in 1247).

· Thompson, T. & Gowland, R. 2019, November 07. The human body never truly disappears—finding the remnants of a tragic end can help us uncover atrocities. The Conversation. Retrieved from: https://theconversation.com/the-human-body-never-truly-disappears-finding-the-remnants-of-a-tragic-end-can-help-us-uncover-atrocities-122817

· Ubelaker, D. H. 2006. Introduction to Forensic Anthropology. In A. Schmitt, E. Cunha, & J. Pinheiro, (Eds.), Forensic anthropology and medicine: Complementary sciences from recovery to cause of death. Totowa, NJ: Humana Press.

· 李衍蒨。2018年2月15日。邊境的骨骸。CUP媒體：《骸骨傳記》，取自：http://www.cup.com.hk/2018/02/15/winsome-lee-illegal-immagrants-from-mexico-to-us/

· 鄒濬智，蔡佳憲。2016。是誰讓屍體說話？：看現代醫學如何解讀《洗冤集錄》。台灣：獨立作家出版。

二、萬人塚守護者

· Chappell, B. 2018, November 06. Islamic State Dumped At Least 6000 Bodies In Mass Graves in Iraq, U.N. Says. National Public Radio, Middle East. Retrieved from: https://www.npr.org/2018/11/06/664641098/islamic-state-dumped-at-least-6-000-bodies-in-mass-graves-in-iraq-u-n-says?fbclid=IwAR3qA8UBGWnRAk2kgRQq69NTsMe

LGSZ1djTIk4e6WbOe7-NVBPlS0Fj1R_o

· Colwell, C. 2017, October 18. Your Bones Live On Without You. The Atlantic. Retrieved from: https://www.theatlantic.com/technology/archive/2017/10/your-bones-live-on-without-you/543312/

· Dupras, T.L., Schultz, J.J., Wheeler, S.M., and Williams, L.J. 2006.The Application of Forensic Archaeology to Crime Scene Investigation In Forensic Recovery of Human Remains: Archaeological Approaches. Boca Raton: CRC Taylor & Francis Group.

· Keough, M.E. 2004. Missing persons in post-conflict settings: best practices for integrating psychosocial and scientific approaches. JRSH 2004; 124(6): 271-275.

· Klepinger, L.L. 2006. Fundamentals of Forensic Anthropology. New Jersey: John Wiley & Sons, Inc.

· Klinkner, M. & Kather, A.L. 2016, December 15. Mass graves are horrific, but they must be protected to ensure justice for the victims. The Conversation. Retrieved from: https://theconversation.com/mass-graves-are-horrific-but-they-must-be-protected-to-ensure-justice-for-the-victims-69266?utm_source=facebook&utm_medium=facebookbutton&fbclid=IwAR0OQCCAf33MPUL8dgGmJrRZn6PDvCK_7GF7C969YLdrxF4og5E9rLp4VGQ

· Strauss, M. 2016, April 07. When is it okay to dig up the dead? National Geographic. Retreived from: https://news.nationalgeographic.com/2016/04/160407-archaeology-religion-repatriation-bones-skeletons/

· Ubelaker, D. 1999. Human Skeletal Remains, Excavation, Analysis, Interpretation. 3rd Edition. Taraxacum. Washington DC.

· UCT News. 2019, November 05. "We knew their names." This is Africa. Retrieved from: https://thisisafrica.me/african-identities/we-knew-their-names/?fbclid=IwAR3j7bSuGNGoB6G3icwA0Jd7bltf_dCgoR58_50tRIwfdCHMTSGFew8vSPU

· UNAMI/OHCHR. November 06, 2018. Unearthing Atrocities: Mass Graves in territory formerly controlled

by ISIL. Retrieved from: https://www.ohchr.org/Documents/Countries/IQ/UNAMI_Report_on_Mass_Graves4Nov2018_EN.pdf
· 李衍蒨。2018 年 11 月 16 日。骨骸揭穿逾六千宗暴行。CUP 媒體：《骸骨傳記》，取 https://www.cup.com.hk/2018/11/16/winsome-lee-isil-dumped-6000-bodies-in-iraq/
· 李衍蒨。2018 年 12 月 19 日。法醫考古學。CUP 媒體：《骸骨傳記》，取自：https://www.cup.com.hk/2019/12/19/winsome-lee-forensic-archaeologist/

三、約翰．富蘭克林失航與骨頭的微觀世界

·Augenstein, S. 2017, April 04. Hair Isotope Analysis Could Reveal Sex, BMI, Diet, Exercise. Forensic Mag. Retrieved from: https://www.forensicmag.com/news/2017/04/hair-isotope-analysis-could-reveal-sex-bmi-diet-exercise#.WOeOUKNqq5w.facebook
·Bartelink, E. J., et al. 2014. Application of Stable Isotope Forensics for Predicting Region of Origin of Human Remains from Past Wars and Conflicts. Annals of Anthropological Practice, 38.1: 124-136.
·Bentley, R.A., 2006. Strontium isotopes from the earth to the archaeological skeleton: a review. Journal of Archaeological Method and Theory, 13: 135–187.
·Gannon, M. 2016 December 12. What Doomed Franklin' s Polar Expedition? Thumbnail Holds Clue. Live Science. Retrieved from: https://www.livescience.com/57176-what-doomed-franklin-polar-expedition.html
·Rodgers, G. 2017, January 23. Forensic Facts From the Fatal Franklin Expedition. HUFFPOST. Retrieved from: https://www.huffpost.com/entry/franklin-expedition-northwest-passage_b_9013366
·Schwarcz, H.P., White, C.D., and Longstaffe, F.J. 2010. Stable and Radiogenic Isotopes in Biological Archaeology: Some Applications. In J.B. West, G.J. Bowen, T.E. Dawson, and K.P. Tu (Eds.) Isoscapes:

Understanding movement, pattern, and process on Earth through isotope mapping. New York: Springer Science + Business Media B.V.
· Swanston T, Varney TL, Kozachuk M, Choudhury S, Bewer B, Coulthard I, et al. 2018. Franklin expedition lead exposure: New insights from high resolution confocal x-ray fluorescence imaging of skeletal microstructure. PLoS ONE 13(8): e0202983.
· Switek, B. 2019. Skeleton Keys: The Secret Life of Bone. New York: Riverhead Books.
· 李衍蒨。2017 年 6 月 22 日。生死也受惠——同位素分析。CUP 媒體：《骸骨傳記》，取自：http://www.cup.com.hk/2017/06/22/winsome-lee-stable-isotope-analysis/
· 魏靖儀（編譯）。2014 年 9 月 14 日。尋獲 170 年前的北冰洋沈船。《國家地理》。取自：https://www.natgeomedia.com/environment/article/content-5594.html
· 李衍蒨。2017 年 8 月 22 日。Fortune—被藏在衣櫃的奴隸骨骸。立場新聞，取自：https://thestandnews.com/cosmos/fortune-%E8%A2%AB%E8%97%8F%E5%9C%A8%E8%A1%A3%E6%AB%83%E7%9A%84%E5%A5%B4%E9%9A%B8%E9%AA%A8%E9%AA%B8/

四、賣火柴的小孩：城市化的代價

· David, A. M. 2015, November 04. The Arsenic Dress: How Poisonous Green Pigments Terrorized Victorian Fashion. Pictorial. Retrieved from: https://pictorial.jezebel.com/the-arsenic-dress-how-poisonous-green-pigments-terrori-1738374597
· Emery, K.M. 2013, August 13. Mercury Poisoning and the day before death. Bones Don' t Lie. Retrieved from: https://bonesdontlie.wordpress.com/2013/08/13/mercury-poisoning-the-day-before-death/
· Fairclough, P. 2011, September 23. Spontaneous human combustion a hot topic once more. The Guardian,

From the archive blog. Retrieved from: https://www.theguardian.com/theguardian/from-the-archive-blog/2011/sep/23/spntaneous-human-combustion-archive

· Harkup, K. 2017, October 31. 'The Devil' s element' : the dark side of phosphorus. The Guardian. Retrieved from: https://www.theguardian.com/science/blog/2017/oct/31/the-devils-element-the-dark-side-of-phosphorus

· Killgrove, K. 2016, May 04. Matchsticks Once Sickened and Deformed Women and Children. Mental Floss. Retrieved from: http://mentalfloss.com/article/79545/matchsticks-once-sickened-and-deformed-women-and-children

· Little, B. 2016, October 17. Killer Clothing Was all the Rage in the 19th Century. National Geographic. Retrieved from: https://news.nationalgeographic.com/2016/10/dress-hat-fashion-clothing-mercury-arsenic-poison-history/

· Li, H. et al. 2017. Medium-term results of ceramic-on-polyethylene Zweymüller-Plus total hip arthroplasty. Hong Kong Med J 2017(23): 333-339.

· MailOnline. 2010, January 25. Found in wallpapers, dresses and even libido pills: Arsenic, the Victorian Viagra that poisoned Britain. Retrieved from: http://www.dailymail.co.uk/health/article-1245809/Found-wallpapers-dresses-libido-pills-Arsenic-Victorian-Viagra-poisoned-Britain.html

· Meier, A. 2014, June 20. Fatal Victorian Fashion and the Allure of the Poison Garment. Hyperallergic. Retrieved from: https://hyperallergic.com/133571/fatal-victorian-fashion-and-the-allure-of-the-poison-garment/

· Ong, K.L. Yun, B.M. & White, J.B. 2015. New biomaterials for orthopaedic implants. Orthopedic Research and Reviews 2015 (7): 107-130.

- Phys Org. 2013. The day before death: A new archaeological technique gives insight into the day before death. Retrieved from: https://phys.org/news/2013-08-day-death-archaeological-technique-insight.html
- Roberts, C.A. 2016. Paleopathology and its relevance to understanding health and disease today: the impact of the environment on health, past and present. Anthropological Review, vol.79(1), 1-16(2016).
- Wu, C.T., Lu, T.Y., Chan, D.C., Tsai, K.S., Yang, R.S., and Liu, S.H. 2014. Effects of arsenic on osteoblast differentiation in vitro and on bone mineral density and microstructure in rats. Environ Health Prospect 122:559–565; http://dx.doi.org/10.1289/ehp.1307832
- Ziering, A. & Herdy, A. (Producers). 2018, July 12. The Bleeding Edge [Documentary]. United States: Netflix.
- 李衍蒨。2018年8月23日。受火柴工業影響的骨骸。CUP媒體：《骸骨傳記》，取自：https://www.cup.com.hk/2018/08/23/winsome-lee-phossy-jaw-match-making-industries/

五、甘迺迪總統之死與另類身份辨識方法

- Blessing, M.M., & Lin, P.T. 2017. Identification of Bodies by Unique Serial Numbers on Implanted Medical Devices. J Forensic Sci. 2017.
- Byard, W. R. 2013. Tattoos: forensic considerations. Forensic Science Medical Pathology, 9: 534-542.
- Cheung, K.W. et al. 2013. Patient perception and knowledge on total joint replacement surgery. Hong Kong Med J 2013(19): 33-37.
- Christensen, A.M., Passalacqua, N.V., Bartelink, E.J. Ed., 2014. Forensic Anthropology: Current Methods and Practice. San Diego, Oxford: Elsevier.
- Cornish, A. 2018, May 02. In Rwandan Mass Graves, There are Few Ways to Identify the Dead. Clothing is One. NPR.org. Retrieved from: https://www.npr.org/2018/05/02/607781596/in-rwandan-mass-graves-clothing-is-

one-of-the-only-ways-to-identify-dead

· Fairgrieve, S.I. 2008. Forensic Cremation: Recovery and Analysis. Boston, New York: CRC Press.

· House Select Committee on Assassinations, 1979. Final Assassinations Report.

· Imaizumi, K. 2015, September 12. Forensic investigation of burnt human remains. Research and Reports in Forensic Medical Science, Volume 2015:5, pp 67-74.

· Karsai, S., Krieger, G., & Raulin, C. 2009. Tattoo removal by non-professionals—medical and forensic considerations. Journal of The European Academy of Dermatology and Venereology. 2010 July; 24(7): 756-62. doi: 10.1111/j.1468-3083.2009.03535.x.

· KGET News. 2018, May 24. Jane Doe in 1980 California murder had Seattle tattoo. Retrieved from: https://www.king5.com/article/news/crime/jane-doe-in-1980-california-murder-had-seattle-tattoo/281-558022516

· Kerley, E.R., Snow, C.C., 1979, March 09. Authentication of John F. Kennedy' s Autopsy Radiographs and Photographs. Final Report to the Select Committee on Assassinations, US House of Representatives.

· PBS.org. 2019. Textile Analysis: History Detectives. Retrieved from: http://www.pbs.org/opb/historydetectives/technique/textile-analysis/

· Simpson, E.K. et al. 2007. Role of Orthopedic Implants and Bone Morphology in the Identification of Human Remains. J Forensic Sci. 52(2): 442-448.

· William, G.A. 2018. Forensic textile damage analysis: recent advances. Dovepress, Research and Reports in Forensic Medical Science, 2018(8): 1-8.

· Wiseman, E. 2019, March 03. 'Underwear dates well' : how fashion forensics are helping solve crimes. The Guardian. Retrieved from: https://www.theguardian.com/global/2019/mar/03/underwear-dates-well-how-fashion-forensics-are-helping-solve-crimes

· 李衍蒨。2018年3月22日。甘迺迪總統身份辨識。CUP媒體：《骸骨傳記》，取自：https://www.cup.com.hk/2018/03/22/winsome-lee-body-of-us-president-kennedy/
· 李衍蒨。2018年5月31日。無名紋身女子。CUP媒體：《骸骨傳記》，取自：https://www.cup.com.hk/2018/05/31/winsome-lee-unidentified-victim-with-tattoos/

六、鐵達尼號與鬼船：揭開水中腐化迷思

· Anderson G.S., Bell L.S. 2014. Deep Costal Marine Taphonomy: Investigation into Carcass Decompoistion in the Saanich Inlet, British Columbia Using a Baited Camera. PLos ONE, 9(10):e110710. Doi:10.1371/journal.pone.0110710
· Costandi, M. 2015, May 05. Life after death: the science of human decomposition. The Guardian, Neurophilosophy. Retrieved from: https://www.theguardian.com/science/neurophilosophy/2015/may/05/life-after-death
· Costandi, M. 2017, December 06. This Is What Happens After Death. Huffpost, Science. Retrieved from: https://www.huffingtonpost.com/2015/05/21/what-happens-when-you-die_n_7304232.html
· Lewis, T. 2014, October 28. What Happens to a Dead Body in the Ocean?. LiveScience. Retrieved from: https://www.livescience.com/48480-what-happens-to-dead-body-in-ocean.ht ml
· Munkress, J.W. 2009. Arid climate decomposition and decay: A taphonomic study using swine. UNLV Theses, Dissertations, Professional Papers and Capstones. 1139.
· Morgan, J.S. 2014, September 02. Postmortem: The life and deaths of a medicolegal death Investigator. Vice.com. Retrieved from: https://www.vice.com/en_us/article/postmortem-0000449-v21n9
· Nystrom, K.C. 2019. The Bioarachaeology of Mummies. New York: Routledge

- Scutti, S. 2014, December 15. What A Forensic Scientist Doesn't Tell You: 7 Postmortem Responses Of A Dead Body. Medical Daily.com Retrieved from: http://www.medicaldaily.com/what-forensic-scientist-doesnt-tell-you-7-postmortem-responses-dead-body-314404
- Pinheiro, J. 2006. Decay Process of a Cadaver. In: Schmitt A., Cunha E., Pinheiro J. (eds) Forensic Anthropology and Medicine. Humana Press.
- Stolze, D. 2014, February 17. Soap on a Bone: How Corpse Wax Forms. Atlas Obscura. Retrieved from: https://www.atlasobscura.com/articles/morbid-monday-soap-on-a-bone
- Stromberg, J. 2015, March 13. The science of human decay: Inside the world’s largest body farm. The Vox.com. Retrieved from: http://www.vox.com/2014/10/28/7078151/body-farm-texas-freeman-ranch-decay
- 《M Plus》。2016 年 07 月 04 日。肺結核如何改變維多利亞時尚。取自：https://www.mplus.com.tw/article/1230
- 李衍蒨。2017 年 11 月 30 日。「鬼船」與世越號 —— 水中腐化的迷思（上）。CUP 媒體：《骸骨傳記》，取自：https://www.cup.com.hk/2017/11/30/winsome-lee/
- 李衍蒨。2017 年 12 月 7 日。「鬼船」與世越號 —— 水中腐化的迷思（下）。CUP 媒體：《骸骨傳記》，取自：https://www.cup.com.hk/2017/12/07/winsome-lee-sinking-of-mv-sewol-2/
- 李衍蒨。2018 年 2 月 01 日。鐵達尼號罹難者的下落。CUP 媒體：《骸骨傳記》，取自：http://www.cup.com.hk/2018/02/01/winsome-lee-titanic/
- 李衍蒨。2019 年 9 月 26 日。「石化」屍體。CUP 媒體：《骸骨傳記》，取自：https://www.cup.com.hk/2019/09/26/winsome-lee-the-woman-who-turned-to-stone/

·Barras, C. 2014, October 13. Why early humans reshaped their children' s skulls. BBC, Discoveries. Retrieved from: http://www.bbc.com/earth/story/20141013-why-we-reshape-childrens-skulls

·Chawanaputorn, D., et. al. 2005. Facial and Dental Characteristics of Padaung Women (long-neck Karen) Wearing Brass Neck Coils in Mae Hong Son Province, Thailand. American Journal of Orthodontics and Dentofacial Orthopedics, 131(5), 639-645.

·Gaia. 2017. Unearthing Nazca. Retrieved from: https://www.gaia.com/lp/unearthing-nazca-members/

·Gibson, R. 2015. Effects of Long Term Corseting on the Female Skeleton: A Preliminary Morphological Examination. Nexus: The Canadian Student Journal of Anthropology, Volume 23(2), September 2015: 45-60.

·Heaney, C. 2017, August 01. The Racism Behind Alien Mummy Hoaxes. The Atlantic. Retrieved from: https://www.theatlantic.com/science/archive/2017/08/how-to-fake-an-alien-mummy/535251/

·Holloway, A. 2014, February 08. Unravelling the Genetics of Elongated Skulls- Transcript of Interview with Brien Foerster. Retrieved from: http://www.ancient-origins.net/news-evolution-human-origins/initial-dna-analysis-paracas-transcript-399284

·Holloway, A. 2017, January 09. Bizarre 3-Fingered Mummified Hand Found in A Tunnel in the Peruvian Desert. Retrieved from: http://www.ancient-origins.net/news-mysterious-phenomena/bizarre-3-fingered-mummified-hand-found-tunnel-peruvian-desert-007340

·Ismail, J. 2008. Ethnic Tourism and the Kayan Long-Neck Tribe in Mae Hong Son, Thailand. Thesis, Masters of Arts in Asian and Pacific Studies, Victoria University.

·Killgrove, K. 2016, October 06. Skeleton of a 19th-Century British Man Reveals He Wore a Corset. Mental

Floss. Retrieved from: http://mentalfloss.com/article/87052/skeleton-19th-century-british-man-reveals-he-wore-corset

· Mcdermott, A. 2017, June 20. Paradigm Shift Required? 3-Fingered Mummified Humanoid Found in Peru May Change the Story of Human Origins. Retrieved from: http://www.ancient-origins.net/news-evolution-human-origins/paradigm-shift-required-3-fingered-mummified-humanoid-found-peru-may-021451

· Mydans, S. 1996, October 19. New Thai Tourist Sight: Burmese' Giraffe Women. New York Times. Retrieved from: http://www.nytimes.com/1996/10/19/world/new-thai-tourist-sight-burmese-giraffe-women.html

· Prestigiacomo, C.J. and M. Krieger. 2010. Deformations and malformations: the history of induced and congenital skull deformity. Neurosurg Focus 29(6): Introduction, 2010.

· Shahar, D. & Sayers, M.G.L. 2018. Prominent exostosis projecting from the occipital squama more substantial and prevalent in young adult than older age groups. Scientific Reports volume 8, Article number: 3354. doi: 10.1038/s41598-018-21625-1

· Shahar, D. & Sayers, M.G.L. 2016. A morphological adaptation? The prevalence of enlarged external occipital protuberance in young adults. Journal of Anatomy, 229 (2). doi: 10.1111/joa.12466

· Stanley-Becker, I. 2019, June 25. 'Horns' are growing on young people's skulls. Phone use is to blame, research suggests. The Washington Post. Retrieved from: https://www.washingtonpost.com/nation/2019/06/20/horns-are-growing-young-peoples-skulls-phone-use-is-blame-research-suggests/?utm_term=.4fbbb4c820d2

· Stone, P.K. 2012. Binding Women: Ethnology, Skeletal Deformations, and Violence Against Women. International Journal of Paleopathology 2(2012), 53-60.

· ThaiMed. 2009. Women of the Long Neck Karen Tribe Removing Rings. Retrieved from: http://www.

thaimedicalnews.com/medical-tourism-thailand/long-neck-karen-tribe-thailand-burmese-border-remove-rings/

· Waldron, T. 2008. Paleopathology. Cambridge: Cambridge University Press.

· Winter, K. 2015, January 22. Woman Obsessed With Burmese Tribes Wears Special Rings in Attempt to Stretch Her Neck to 12in Long. Daily Mail. Retrieved from: http://www.dailymail.co.uk/femail/article-2921362/Woman-Strange-Addition-wants-stretch-neck-TWELVE-INCHES-long.html

· 李衍蒨。2017年10月31日。世界木乃伊系列：納斯卡三指木乃伊？。《立場新聞》，取自：https://www.thestandnews.com/cosmos/%E4%B8%96%E7%95%8C%E6%9C%A8%E4%B9%83%E4%BC%8A%E7%B3%BB%E5%88%97-%E7%B4%8D%E6%96%AF%E5%8D%A1%E4%B8%89%E6%8C%87%E6%9C%A8%E4%B9%83%E4%BC%8A/

· 李衍蒨。2019年7月26日。顱骨長「角」：電話惹的禍？。《立場新聞》，取自：https://www.thestandnews.com/cosmos/%E9%A1%B1%E9%AA%A8%E9%95%B7-%E8%A7%92-%E9%9B%BB%E8%A9%B1%E6%83%B9%E7%9A%84%E7%A6%8D/

八、珍珠港的餘音

· BBC News. 2015, April 15. US to exhume remains of Pearl Harbor dead for identification. Retrieved from: http://www.bbc.com/news/world-us-canada-32313713

· Carney, S. 2007, November 27. Inside India’s Underground Trade in Human Remains. WIRED. Retrieved from: https://www.wired.com/2007/11/ff-bones/

· Colwell, C. 2017, November 16. The Long Ethical Arc of Displaying Human Remains. Atlas Obscura. Retrieved from: https://www.atlasobscura.com/articles/displaying-native-american-remains

- Coughlan, S. 2007, May 22. Museum offered head for shrinking. BBC News. Retrieved from: http://news.bbc.co.uk/2/hi/uk_news/education/6679697.stm
- Fawcett K. 2017, June 14. The Spiritual Purpose Behind Shrunken Heads. Mental Floss. Retrieved from: http://mentalfloss.com/article/501831/spiritual-purpose-behind-shrunken-heads
- Leake, C. 2010, January 09. Bodies' exhibition accused of putting executed Chinese prisoners on show. Daily Mail. Retrieved from: http://www.dailymail.co.uk/news/article-1241931/Bodies-Revealed-exhibition-accused-putting-executed-Chinese-prisoners-show.html
- National Geographic. 2009. How to Shrink a Human Head. Retrieved from: https://www.youtube.com/watch?v=GLWkhlnLXP0
- Peers, L. 2010. Shrunken Heads- Tsantsas. Oxford: Pitt Rivers Museum. Retrieved from: https://www.prm.ox.ac.uk/shrunkenheads
- Ravilious, K. 2013, April 08. A forgotten graveyard, the dawn of modern medicine, and the hard life in 19th- Century London. Haunt of the Resurrection Men, 89-1305. Retrieved from: http://www.archaeology.org/issues/89-1305/features/737-royal-london-hospital-burials
- Roy, E.A. 2016, May 27. US returns remains of 54 indigenous people to New Zealand. The Guardian, New Zealand. Retrieved from: https://www.theguardian.com/world/2016/may/27/new-zealand-repatriation-remains-maori-indigenous-people-mummified-heads
- Soniak, M. 2013, January 24. How Are Shrunken Heads Made. Mental Floss. Retrieved from: http://mentalfloss.com/article/33607/how-are-shrunken-heads-made
- Smithsonian Channel. 2016. The Reason This South American Tribe Shrunk Their Enemies' Heads. Secrets. Retrieved from: https://www.youtube.com/watch?v=BbLg4Pji5xQ

- Smithsonian Channel. 2017. DNA Analysis Reveals Troubling News About Shrunken Heads. Secrets. Retrieved from: https://www.youtube.com/watch?v=aw-PSlIlK5Y
- Ulaby, N. 2006, August 11. Origins of Exhibited Cadavers Questioned. NPR.org. Retrieved from: http://www.npr.org/templates/story/story.php?storyId=5637687
- 李衍蒨。2018年7月26日。美軍珍珠港的戰利品。CUP媒體：《骸骨傳記》，取自：https://www.cup.com.hk/2018/07/26/winsome-lee-american-mutilation-of-japanese-war-dead/
- 史考特・卡尼（Scott Carney）。2012年3月04日。《人體交易：探尋全球器官掮客、骨頭小偷、血液農夫和兒童販子的蹤跡》(The Red Market)。麥田出版社。

九、食人族

- Bello, S.M. et. al. 2016. Cannibalism versus funerary defleshing and disarticulation after a period of decay: Comparisons of bone modifications from four prehistoric sites. Am. J. Phys. Anthropol. 2016; 1-22. DOI:10.1002/ajpa.23079.
- Schutt, B. 2017. Eating People is Good. In Cannibalism: A Perfectly Natural History. New York: Algonquin Books
- Conklin, B.A. 1995. "Thus Are Our Bodies, Thys Was Our Custom": Mortuary Cannibalism in an Amazonian Society. American Ethnologist, Vol. 22, No. 1 (Feb 1995), pp. 75-101
- Edwards, P. 2015, July 22. 7 surprising facts about cannibalism. Vox. Retrieved from: https://www.vox.com/2015/2/17/8052239/cannibalism-surprising-facts
- History. N.d. Donner Party. Retrieved from: https://www.history.com/topics/westward-expansion/donner-party

- Imaizumi, K. 2015, September 12. Forensic investigation of burnt human remains. Research and Reports in Forensic Medical Science, Volume 2015:5, pp 67-74.
- Inglis-Arkell, E. 2014, December 30. How the Pineapple Express killed the Donner Party. Io9. Retrieved from: https://io9.gizmodo.com/how-the-pineapple-express-killed-the-donner-party-1676275691
- Klepinger, L.L. 2006. Fundamentals of Forensic Anthropology. New Jersey: John Wiley & Sons, Inc.
- Lovejoy, B. 2016, November 07. A Brief History of Medical Cannibalism. Lapham's Quarterly. Retrieved from: http://laphamsquarterly.org/roundtable/brief-history-medical-cannibalism
- Mufson,B. 2018, June 12. This Guy Served His Friends Tacos from Own His Amputated Leg. VICE. Retrieved from: https://www.vice.com/en_us/article/gykmn7/legal-ethical-cannibalism-human-meat-tacos-reddit-wtf
- Pokines, J. T., & Symes, S. A. 2014. Manual of forensic taphonomy. Boca Raton: CRC Press/Taylor & Francis Group.
- Reddit：https://www.reddit.com/r/IAmA/comments/8p5xlj/hi_all_i_am_a_man_who_ate_a_portion_of_his_own/
- Sharma, L., P.F. Paliwal & B. L. Sirogiwal. 2010. Case Report: Bullet in the head- crime surfaces from ashes! J Indian Acad Forensic Med 31 (4), pp 399- 401.
- 李衍蒨。2019年4月4日。Donner Party —— 沒有選擇的食人隊伍。CUP媒體：《骸骨傳記》，取自：https://www.cup.com.hk/2019/04/04/winsome-lee-the-donner-party/
- 李衍蒨。2018年9月20日。食人文化。CUP 媒體：《骸骨傳記》，取自：https://www.cup.com.hk/2018/09/20/winsome-lee-medicinal-cannibalism/

十、骸骨的永生傳說

· Burke, C. 2018, June 22. After sustained campaign, Irish giant's bones may finally be released from London museum. The Journal. Retrieved from: https://www.thejournal.ie/charles-byrne-remains-4083747-Jun2018/

· Colwell, C. 2017, November 16. The Long Ethical Arc of Displaying Human Remains. Atlas Obscura. Retrieved from: https://www.atlasobscura.com/articles/displaying-native-american-remains

· Connelly, A. 2017, November 07. Should giant Charles Byrne be left to rest in peace? Al Jazeera, Ireland. Retrieved from: https://www.aljazeera.com/indepth/features/2017/09/giant-charles-byrne-left-rest-peace-170918135540891.html

· Cook, MR. and L. Russell. 2016, December 01. Museums are returning indigenous human remains but progress on repatriating objects is slow. The Conversation. Retrieved from: http://theconversation.com/museums-are-returning-indigenous-human-remains-but-progress-on-repatriating-objects-is-slow-67378

· Free Charles Byrne Project. http://freecharlesbyrne.com/

· Garland-Thomson, R. 2016. Julia Pastrana, the "extraordinary lady." Alter, 11:1 (January-March 2017), pp. 35-49.

· The Irish Times. 2010, January 16. Irish Lives. Retrieved from: https://www.irishtimes.com/life-and-style/people/irish-lives-1.1241279

· Lovejoy, B. 2014, November 27. Julia Pastrana: A "Monster to the Whole World." The Public Domain Review. Retrieved from: https://publicdomainreview.org/essay/julia-pastrana-a-monster-to-the-whole-world

· Rowlandson, T. 2018, June 07. Why a London museum should return the stolen bones of an Irish giant. The Conversation. Retrieved from: https://theconversation.com/why-a-london-museum-should-return-the-stolen-bones-of-an-irish-giant-94774
· Troian, M. 2019, July 03. Federal Conservative candidate gives boyfriend human skull for birthday. National News. Retrieved from: https://aptnnews.ca/2019/07/03/federal-conservative-candidate-gives-boyfriend-human-skull-for-birthday/
· Wilcox, C. 2018, October 03. In a Study of Human Remains, Lessons in Science (and Cultural Sensitivity). UNDARK. Retrieved from: https://undark.org/2018/10/03/atacama-alien-chile-culture-ethics/
· 李衍蒨。2019年7月11日。生日骷髏頭。CUP媒體：《骸骨傳記》，取自：https://www.cup.com.hk/2019/07/11/winsome-lee-birthday-skull/
· 史考特・卡尼（Scott Carney）。2012年3月04日。《人體交易：探尋全球器官掮客、骨頭小偷、血液農夫和兒童販子的蹤跡》（The Red Market）。麥田出版社。
· 東野圭吾。2016年12月27日。《人魚沈睡的家》(人魚の眠る家)。皇冠出版社。

十一、《花花公子》玩伴女郎屍體發現案

· Anton, M. 2011, June 04. Alone in life, Yvette Vickers is somewhat less alone in death. Los Angeles Times. Retrieved from: https://www.latimes.com/local/la-xpm-2011-jun-04-la-me-yvette-vickers-20110604-story.html
· Caron, C. 2011, May 04. 'Mummified' Former Playmate Swerved Between Recluse and Storyteller. Abc News. Retrieved from: https://abcnews.go.com/US/playmate-found-mummified-friends-portrait-

yvette-vickers/story?id=13522253

· Christensen, A.M., N.V. Passalacqua, and E.J. Bartelink. 2014. Forensic Anthropology: Current Methods and Practice. Boston: Academic Press.

· Costandi, M. 2015, May 05. Life after death: the science of human decomposition. The Guardian, Neurophilosophy. Retrieved from:

· Haglund, W.D. and M.H. Sorg. (Eds). 1997. Forensic Taphonomy: The Postmoretm Fate of Human Remains. Boston: CRC Press.

· Lovett, I. 2011, May 04. Mummified Body Found in Former Actress' s Home. The New York Times. Retrieved from: https://www.nytimes.com/2011/05/05/us/05vickers.html

· Marche, S. 2012, May. Is Facebook Making Us Lonely? The Atlantic, Technology. Retrieved from: https://www.theatlantic.com/magazine/archive/2012/05/is-facebook-making-us-lonely/308930/

· Mikulan, S. 2012, February 01. Left Behind. Los Angeles Magazine. Retrieved from: https://www.lamag.com/longform/left-behind1/

· Munkress, J.W. 2009. Arid climate decomposition and decay: A taphonomic study using swine. UNLV Theses, Dissertations, Professional Papers and Capstones. 1139.

· Pinheiro, J.E. 2006. Decay Process of a Cadaver. In A. Schmitt, E. Cunha, & J. Pinheiro, (Eds.), Forensic anthropology and medicine: Complementary sciences from recovery to cause of death. Totowa, NJ: Humana Press.

· Scientific Working Group for Forensic Anthropology (SWGANTH). 2011. Trauma Analysis.

· St. Fleur, N. 2017, June 02. How to Make a Mummy (Accidentally). The New York Times, Science. Retrieved from: https://www.nytimes.com/2017/06/02/science/spontaneous-mummification.html?_r=0

・李衍蒨。2019年4月25日。Playboy 女郎之死。CUP 媒體：《骸骨傳記》，取自：https://www.cup.com.hk/2019/04/25/winsome-lee-playboy-playmate-yvette-vickers/

十二、骸骨的秘密

・Black, S. 2018. All That Remains. London: Transworld Publishers.
・Macintosh, A.A., Pinhasi R., Stock, JT. 2017. Prehistoric women's manual labor exceeded that of athletes through the first 5500 years of farming in Central Europe. Sci. Adv. 2017;3:eaao3893.
・Moore, K.L., Dalley II, A.F.& Agur, A.M.R. 2017. Clinically Oriented Anatomy. LWW Press.
・Ruff C. et al. 2006. Who's afraid if the big bad Wolff?: "Wolff's Law" and bone functional adaptation. American Journal of Physical Anthropology 129: 484-498.
・Shaw CN, and Stock JT. 2009. Habitual throwing and swimming correspond with upper limb diaphyseal strength and shape in modern human athletes. American Journal of Physical Anthropology 140(1):160-172.
・Switek, B. 2019. Skeleton Keys: The Secret Life of Bone. New York: Riverhead Books.
・White, T. D., & Folkens, P. A. 2000. Human osteology. San Diego: Academic Press.

結語：導致強行分離的棒棒糖

・Char, S. 2009, October 10. Hawaii's Father Damien: From priesthood to sainthood. Hawai'I Magazine. Retrieved from: https://www.hawaiimagazine.com/blogs/hawaii_today/2009/10/10/Damien_Hawaii_Saint_Molokai_Kalaupapa_canonization
・Jackson, K. 2013, February 09. Exploring the tragic beauty of Hawaii's remote Kalaupapa. The Seattle

Times. Retrieved from: https://www.seattletimes.com/life/travel/exploring-the-tragic-beauty-of-hawaiirsquos-remote-kalaupapa/

·Lovejoy, B. 2018, October 03. Mary Shelley' s Obsession with the Cemetery. JSTOR Daily. Retrieved from: https://daily.jstor.org/mary-shelleys-obsession-with-the-cemetery/

·National Park Service. N.d. A Brief History of Kalaupapa. Retrieved from: https://www.nps.gov/kala/learn/historyculture/a-brief-history-of-kalaupapa.htm

·Power, R. 2019, January 17. Our urgent need to do death differently. Melbourne: TEDx Melbourne. Retrieved from: https://www.youtube.com/watch?v=lA_ntn-icwc

·Ratcliffe, R. 2019. April 22. 'The harder you look the more you find' : Nepal' s hidden leprosy. The Guardian. Retrieved from: https://www.theguardian.com/global-development/2019/apr/22/nepal-hidden-leprosy

·Senthilingam M. 2015, September 09. Taken from their families: The dark history of Hawaii' s leprosy colony. CNN, Health. Retrieved from: https://edition.cnn.com/2015/09/09/health/leprosy-kalaupapa-hawaii/index.html

·Ubelaker, D.H. 2018. Recent advances in forensic anthropology. Forensic Sciences Research, Vol. 3 2018, no.4, pp. 275-277.

·Waldron, T. 2008. Paleopathology. Cambridge: Cambridge University Press.

存骨房：法醫人類學家的骨骸筆記，歷史上的懸案真相與駭人傳聞其實是……

作　　者　李衍蒨
責任編輯　黃阡卉
美術設計　森田達子
行銷企劃　郭芳臻

發 行 人　何飛鵬
事業群總經理　李淑霞
副 社 長　林佳育
副 主 編　葉承享

出　　版　城邦文化事業股份有限公司　麥浩斯出版
E - mail　cs@myhomelife.com.tw
地　　址　104 台北市中山區民生東路二段 141 號 6 樓
電　　話　02-2500-7578

發　　行　英屬蓋曼群島商家庭傳媒股份有限公司城邦分公司
地　　址　104 台北市中山區民生東路二段 141 號 6 樓
電　　話　0800-020-299 (09:30 ～ 12:00；13:30 ～ 17:00)
傳　　真　02-2517-0999
信　　箱　csc@cite.com.tw
劃撥帳號　1983-3516
劃撥戶名　英屬蓋曼群島商家庭傳媒股份有限公司城邦分公司

香港發行　城邦（香港）出版集團有限公司
地　　址　香港灣仔駱克道 193 號東超商業中心 1 樓
電　　話　852-2508-6231
傳　　真　852-2578-9337

馬新發行　城邦（馬新）出版集團 Cite (M) Sdn. Bhd.
地　　址　41, Jalan Radin Anum, Bandar Baru Sri Petaling, 57000 Kuala Lumpur, Malaysia.
電　　話　603-90578822
傳　　真　603-90576622

總 經 銷　聯合發行股份有限公司
電　　話　02-29178022
傳　　真　02-29156275

國家圖書館出版品預行編目 (CIP) 資料

存骨房：法醫人類學家的骨骸筆記，歷史上的懸案真相與駭人傳聞其實是 ...... / 李衍蒨著 . -- 初版 . -- 臺北市：麥浩斯出版：家庭傳媒城邦分公司發行，2020.02
面；　公分
ISBN 978-986-408-579-8(平裝)

1. 法醫學 2. 法醫人類學

586.66　　109000539

製版印刷　鴻霖印刷傳媒
定價　新台幣 399 元／港幣 133 元
2021 年 8 月 初版二刷 · Printed In Taiwan
ISBN 978-986-408-579-8